ネット通販は「物流」が決め手

电商成功靠「物流」

[日] 高山隆司 著
郭琼宇 董雪 译

中信出版集团 · CHINA CITIC PRESS · 北京

图书在版编目（CIP）数据

电商成功靠物流 /（日）高山隆司著；郭琼宇，董雪译 . -- 北京：中信出版社，2016.11
ISBN 978-7-5086-6741-6

Ⅰ . ①电… Ⅱ . ①高… ②郭… ③董… Ⅲ . ①电子商务－物流管理 Ⅳ . ① F713.36 ② F252

中国版本图书馆 CIP 数据核字（2016）第 229736 号

电商成功靠物流

著　　者：[日] 高山隆司
译　　者：郭琼宇　董　雪
策划推广：中信出版社（China CITIC Press）
出版发行：中信出版集团股份有限公司
（北京市朝阳区惠新东街甲 4 号富盛大厦 2 座　邮编　100029）
（CITIC Publishing Group）
承 印 者：北京楠萍印刷有限公司

开　　本：880mm×1230mm　1/32　　印　　张：6　　字　　数：100 千字
版　　次：2016 年 11 月第 1 版　　印　　次：2016 年 11 月第 1 次印刷
京权图字：01-2015-5059　　广告经营许可证：京朝工商广字第 8087 号
书　　号：ISBN 978-7-5086-6741-6
定　　价：49.00 元

服务热线：400-600-8099
投稿邮箱：author@citicpub.com

前言 /

如今随着电商市场的急剧扩大，众多企业如雨后春笋般涌入这个行业。但是，越来越多的市场新进者向我诉苦，说他们进军电商市场之路并不顺利。听取了这些企业的情况后，我发现绝大多数企业之所以失利都是因为它们轻视了物流，在物流上栽了跟头。

“电商成功的关键在于物流”，这话绝非夸大其词。

根据日本通信营销协会的调查，在近十年内，电商市场的销售额增长了3兆日元，这也就意味着，有3兆日元的物流业务转移到了电商渠道。然而，对于电商物流这一特殊的业务模式，相关行业规范及专业知识却没有跟上行业发展的步伐。

面向工厂和经销商的“B2B物流”（企业对企业物流）和面向电商的“B2C物流”（企业对客户物流）有着根本性的区别，但是大多数企业负责人并没有认识到这一点，他们跟风加入了电商大军，最终处处碰壁，走投无路……

笔者现就职于Scroll360公司（以下

简称 Scroll360），专门负责为电商企业提供战略解决方案。Scroll360 的母公司 Scroll 是一家有着 60 年 B2C 网络销售经验的公司，同时也是电商市场的执牛耳者。而 Scroll360 则充分运用母公司在电商领域的技术经验，为电商企业提供物流、接单、支付等后台外包服务。同时，Scroll360 还会经常协助跟进电商企业的宣传推广和全频道的战略设计。

目前，在电商物流领域，Scroll360 为约 100 家企业提供服务，年流通总额达 750 亿日元。我们每天有 3.5 万件 B2C 商品出货，每一单都凝结着母公司 60 年的邮购销售经验。

下面，我来列举几个在电商物流一线发现的电商特有的棘手问题。

问题 1

客户在网上为他人选购礼品时，订单上的订货方和收货方是不同的，而有些没有经验的配货员会把商品的账单和商品一同打包。

给重要的人精心挑选的礼物里面竟然混进去了账单，可以想象客户会有多么不满。因此，在生成发货单据时，必须将礼品的发货单据（变更了收货方地址）与普通的发货单据区分开来。

问题 2

订单商品是食品时，出货必须遵循“先进先出”的原则，即先安排生产日期最早的批次出货。但是，如果将生产批次不同的同一商品发给客户的话，就容易引起客户投诉。

客户可不会有“给我发了一个生产日期较新的商品，太感谢了”这种想法，而是会抱怨：“为什么两个商品里面有一个生产日期比较早？”所以必须对商品批次进行拣选分类，确保出货的商品批次相同。

问题 3

对于客户指定下周五发货的订单，系统会事先生成快递单，到下周四时相关人员会将快递单贴在商品上进行配送。但如果这类客户选择延迟付款的话就可能会产生麻烦，根据系统设定，如果快递单生成后一周之内未回收货款的话，系统会自动向客户发出催款单，因此有可能出现商品和催款单同时送达客户手里的情况，这会带给客户很不好的体验。因此，对于快递单生成后的几天内会有催款单生成的这个规定，电商应谨慎对待。

电商市场以 20 世纪 80 年代的综合销售为起点，经历了 90 年代的单品营销，以及 21 世纪初的电视购物和网销，实现了多媒体化、全渠道的巨大转变（见图 a）。

如今，电商通过与物流企业的融合，借助电子设备的进步和网络社交的普及，规模已经超过了百货商场和超市，并在进一步发展壮大。

无论是哪个行业，其市场的扩大都主宰着企业的沉浮。在电商领域，近十年间销售排行榜的上榜企业也在不断地变化。

在亚马逊和乐天成为行业龙头的同时，一些制造业企业和大型经销商也参与其中，多媒体、网络社交企业也在陆续加入，这使得商业模式也越来越多元化。此外，以化妆品和保健品为中心的传统电视购物节目在中年人群体中依然有很高的人气。目前，此类产品以报纸、电视等媒体和电话销售为主要推广途径，在市场中占有一席之地。

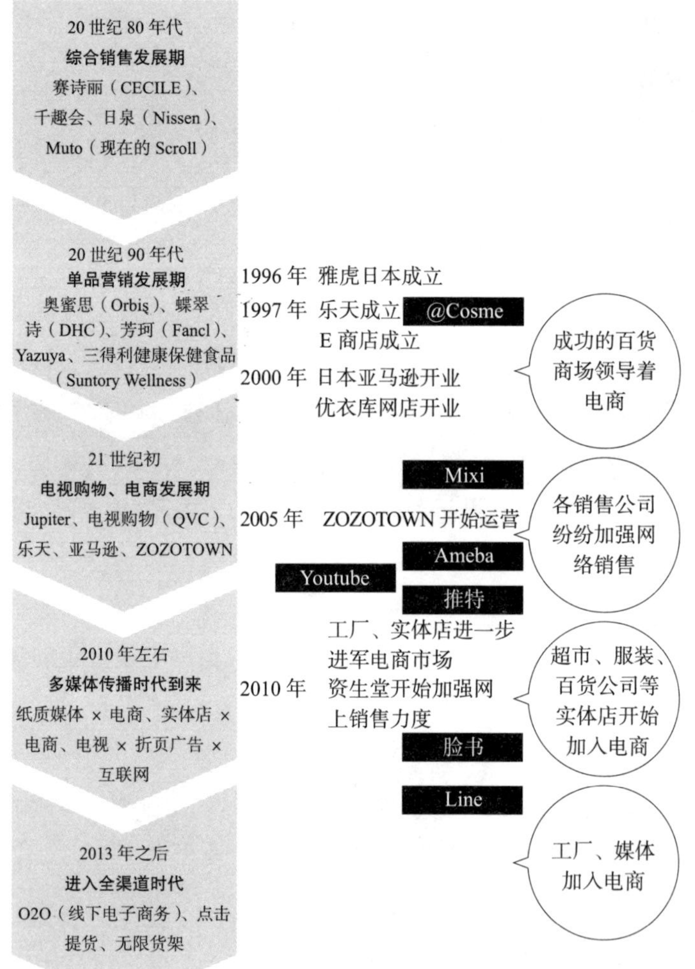

图 a　电商的发展史

最近几年，电商市场更是从多媒体发展到了全渠道销售。客户在脸书上看到朋友晒出来的电子产品后，通常会去实体店里向店员询问具体的使用方法，之后在回程的电车上用智能手机对各家网店进行比价，最终在网上下单，这已经成为目前最普遍的消费模式。显而易见，即便是通过实体店起家的企业，如今也必须要重视电商这一销售渠道。

在这众多的企业中，只有“将物流纳入经营视线的企业”才能在激烈的市场竞争中生存下来。

提到电商物流，人们往往会想到在仓库挑选并打包商品然后交给物流公司这些场景。但是，对电商物流来说，最关键的是在经营上将销售策略和物流支持策略结合起来。

很多电商经营者认为需要一味地缩减物流成本。于是，一些经营者为了削减物流成本，会过度减少库存，他们采取的先下单后进货的方式，造成商品发货速度慢，客户体验差，最终导致销售低迷。相反，如果因担心出现次品而过度积压库存，也会降低资本周转率，导致资金流动性变差。

电商物流的行业知识非常独特，是需要经历多次失败之后才能掌握的经验和教训，因此，并没有放之四海而皆准的知识可供大家进行综合系统的学习。

笔者出版此书是希望能够为十万多家电商企业经营者在提升物流品质方面贡献绵薄之力，并推动电商市场更上一层楼。这也是笔者最大的愿望。

本书共分为 6 章。

在第 1 章中笔者将介绍电商行业的现状以及电商企业的各

种失败案例，以便读者更好地理解电商物流。

第 2 章从经营的角度提出销售策略和物流支持策略的组合方式。虽然在世界上有许多关于物流方面的理论，但是目前评价最高、成功案例最多的是美国的爱德华·弗雷兹（Edward H. Frazelle）提出的“物流和供应链管理”理论。

第 2 章不仅介绍了物流和供应链管理理论的基本观点，还尝试通过其框架整理电商物流的现状和 Scroll 的物流支持策略。

第 3 章主要总结电商物流业务的基本知识，以及不同商品类别的注意事项。

第 4 章主要介绍对于电商行业经营决策而言不可或缺的物流关键绩效指标（KPI）。

第 5 章主要介绍通过物流变革实现营业额大幅度提升的电商企业成功案例。

最后，在第6章中，我对电商物流的未来前景进行了展望。

本书的观点非常简洁明了：

“电商成功的关键在于物流。”

“电商只有通过物流才能实现与其他企业的差别化竞争。”

阅读完本书之后，读者将会在什么是电商物流，如何搭建适合自己公司商品和发展模式的物流框架，以及如何将各种物流数据有效地运用到日常经营中等方面获得一些思路。

笔者希望通过本书可以让更多的电商企业找到最适合自己的物流策略。

高山隆司

目　录

第1章 **常见的电商失败案例及其问题** 001

1　迅猛扩大的电商市场　// 003
2　电商营销常见的失败案例　// 007
3　电商的分类　// 024
4　年销售额达10亿日元的4个阶段及各个阶段的课题　// 029
5　避免失败的方法　// 033
小结　// 039

第2章 **电商中物流的作用和重要性** 041

1　物流对于电商的意义　// 043
2　电商中的“木桶原理”　// 047
3　从经营角度看物流战略“Right Chain®”　// 054
4　电商物流支持活动的构建方法　// 061
5　Scroll的物流支持战略　// 066
小结　// 073

第3章 **现实中的电商仓储物流** 075

1　电商与物流仓储　// 077
2　收货与验收　// 079
3　入库　// 082
4　生成快递单与商品拣选　// 087
5　装箱　// 093
6　发货　// 097
7　不同商品类别的仓储注意事项　// 101
小结　// 109

第4章
通过物流关键绩效指标实现经营可视化
111

1 人气店铺为何突然倒闭 // 113
2 代表性的物流KPI // 117
3 利用物流KPI改善经营的方法 // 127
小结 // 129

第5章
物流增值的成功案例
131

1 物流外包后加强宣传，4年实现销量翻番 // 133
2 在配送时为客户提供修改袖长的服务，通过展示间实现实体店和网店的结合 // 142
3 从销售型采购到库存型采购的转变，通过外包彻底实现库存管理 // 149
4 实现物流增值的关键点 // 155
小结 // 159

第6章
电商物流的未来展望
161

1 电商市场的未来预测 // 163
2 各个领域的新气象 // 166
3 物流整体外包的优势 // 174
小结 // 180

结束语 // 181

第 1 章 常见的电商失败案例及其问题

01

1

迅猛扩大的电商市场

持续的高增长率

众所周知，近十年来，日本通信销售[①]行业迅猛发展，成为零售业中与药妆店和便利店并驾齐驱的重要增长点。

根据日本通信营销协会的调查结果，2013 年度通信销售的市场规模同比增幅达 6.3%，尤其是电商的增长，为整个行业增长提供了重要的推动力。

最近，药妆店开店速度放缓，而便利店的现有门店的年销售额也在持续下滑，似有盛极而衰之势，唯有电商行业一枝独秀，仍保持着强劲的增长势头。

在如今的电商市场上，除了以亚马逊、乐天等为代表的电商平台依旧傲视群雄外，入驻电商平台的个人店铺、专营特定商品的专业网站，甚至大型厂家与大型零售连锁商的销售官网

① 通信销售是指通过网络或者电视、电话、传真等通信媒介进行销售的方式。

也都在激烈竞争，互争高下（见图 1-1、图 1-2）。

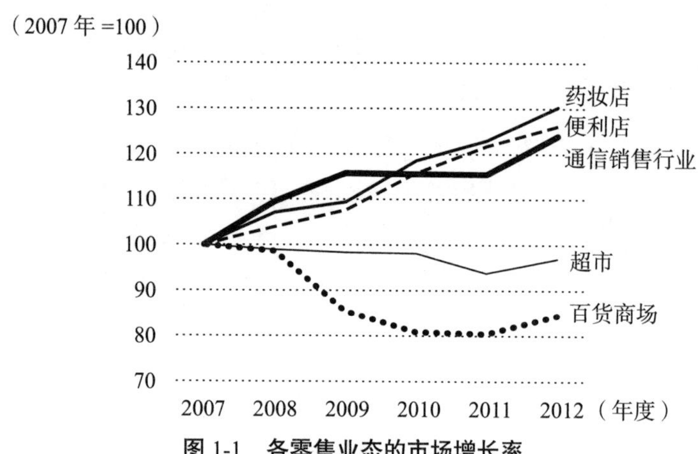

图 1-1　各零售业态的市场增长率

资料来源：新日本超市协会《2013 年度超市白皮书》

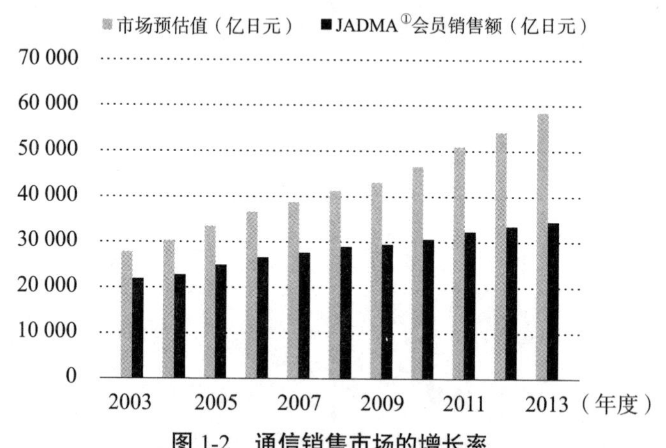

图 1-2　通信销售市场的增长率

资料来源：日本通信营销协会《第 32 次电商企业调查报告书》

① JADMA：日本通信营销协会

对于消费者而言，电商最大的优势在于方便消费者随时随地搜索和购买商品，比较各网店之间的价格，以及参考其他购买者的用后感想和评论。

此外，消费者还可以通过电商购买在实体店难以买到的利基商品（细分市场商品），购买笨重物品时也可以享受配送上门服务，这些都成为消费者支持电商的理由。

另一方面，对于电商经营者而言，无须开设实体店，甚至有时都不需要仓库备货。夸张点儿讲，只要在网上申请开设一个网店就可以马上开始交易，所以个人卖家都是以先在乐天等大型电商平台上开店的形式开始积极投身电商行业的。

逐渐向两极分化

在电商的买卖双方均呈现几何式增长、市场不断扩大之时，有的店铺不论规模大小都能够蒸蒸日上，也有的店铺虽然投入了大量资金和人力，却仍然陷入了经营泥潭，市场两极分化愈演愈烈。

究其主要原因，就在于两者在物流投入上存在差距。即使店铺拥有独特的商品、漂亮的网页和精心的营销，如果无法实现高效的库存管理与稳定的物流配送，也很容易产生“下单商品很难送达”“虽然商品送达，外包装却已经损坏”等问题。

那些抱着“物流不就是发货业务吗”以及“等有空时大家合伙搞定就好了”这些想法的经营者，不知不觉就会失去客户的信赖和店铺的品牌价值。

相反，如果店铺能确保物流业务质量，并能为客户创造各种附加价值，那么很快就有可能实现与竞争对手拉开差别的意外之喜。实际上，较早意识到这一点的店铺早已先人一步尝到了甜头。

2

电商营销常见的失败案例

电商行业中有个术语叫订单执行，指的是在消费者决定购买之后，公司通过网络或客服电话执行接单、结算和发货配送等各项业务。而策划并采购商品，设计相关网页和商品目录，并推出各种促销计划以吸引客户购买，这一系列的运作被称为市场营销。

市场营销因为是直接与客户互动，结果能反映至销售额，所以备受关注。为了吸引消费者的眼球，各家店铺都会绞尽脑汁，开发并推出各式各样的营销手段及促销折扣。

而订单执行属于店铺后台业务，在营销中并不起眼，常常沦为削减费用的对象。在现实中，轻视订单执行，或者对订单执行和市场营销这两者把握失衡，从而导致失败或招致麻烦的案例层出不穷。

下面，我们就列举几个代表性的失败案例。

制造业常见的失败案例

首先要讲的，就是制造商（并且是大型制造商）常见的失败类型（见图 1-3）。

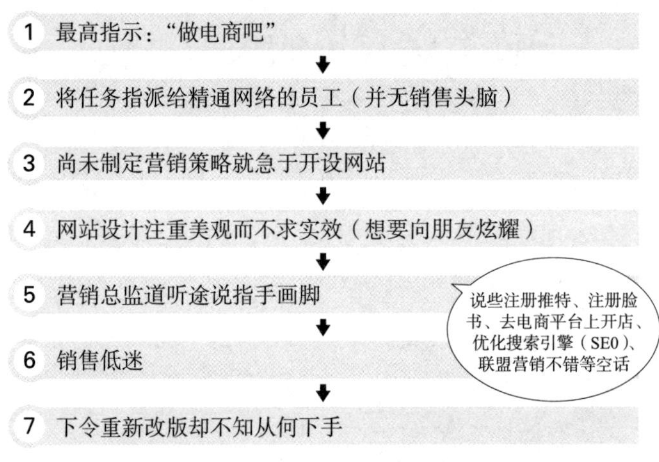

图 1-3 制造商进入电商行业时常见的失败类型

营销总监下达指示："最近电子商务似乎发展很快，我们也要开发电商业务。"

接到指示的负责部门先在公司内部寻找精通网络的员工，令其开发电商销售用的网站。

这名员工可能确实擅长信息技术，但这并不代表他也熟悉零售业。于是，他先开发了一个外观漂亮的网站，并试着将商品陈列在网站上。然而，销售业绩并未因此而得到提升。最终，公司高薪聘请的员工们坐在公司高价租用的办公室里，为很少的订单量而忙忙碌碌。

之后，营销总监又从外面听到“脸书好像很厉害”“去乐天开店似乎不错”之类的传闻，又下令跟风照办。员工们疲于应付，结果搞得网站越来越难懂，营销思路丧失连贯性，物流费用居高不下，最终使公司经营走进了死胡同。

经营已经出现赤字，上层依旧不改大力发展电商的方针，反而责备员工无所事事，随之下达了一年内完成销售额翻倍的业务指标。

某家大公司制订了将现有的 10 亿日元电商销售规模在 3 年内扩大到 100 亿日元的销售计划，而下面的员工已是一筹莫展。

在这个案例里，公司还未制定明确的电商销售发展战略，连“订单执行”最多也只会考虑使用哪一家配送商，而压根儿不会做认真的调研，这样的做法，遭遇挫折也是意料之中。

媒体业常见的失败案例

近年来，媒体业公司大举进军电商行业，成为一道亮眼的风景线。

例如，一家杂志拥有 5 万人的固定读者群，这家杂志就以这 5 万名读者为目标开展销售，类似模式还有加油站向会员发送邮寄商品直投广告和商品目录。

一家公司的负责人出于使公司早日扭亏为盈、丰富商品种类的目的，每期都在公司会员杂志月刊上使用 8 页的篇幅刊登商品广告，最终使得销售业绩达到了一亿日元。

然而，这种营销方法的成功概率并不高，因为许多公司虽然坐拥现成的客户群，但并不明确自己想要销售什么产品；虽然掌握可以用来做促销推广的媒体资源，却没有自己独有的产品。公司负责人也好，营销团队也好，都极少考虑销售何种商品以及如何销售商品这类问题。

这些公司想当然地把商品计划一股脑扔给供应商，连营销计划也制订得非常草率，更不用说去找最便宜的进货渠道了。

有的公司商品成本率高达 70%，这样即使自家拥有媒体，刊登商品广告也是需要版面的，这样做买卖不亏本才奇怪。

这种模式，早在订单执行之前的市场营销阶段就出了问题。

流通业常见的失败案例

2005 年左右，超市、服装店、百货商场等拥有实体店的流通商开始正式进军电商业。

不过，它们大多和制造商一样，根据营销总监的指示，选用那些看似熟悉信息行业的员工来开拓业务。

再加上流通商本身已经拥有实体店，很容易陷入思维陷阱中，以为自己做电商也能够手到擒来。确实，电商和实体店在市场营销上有着共通之处，实体店对电商业务尚且能够应对一二，但其在“订单执行”环节常常出问题。

例如，某家居建材城刚刚投身电商营销就出师不利。这家家居建材城接到网络订单后，实体店店员会在空闲时间从店里陈列的商品中拣选相应商品。店内拣选需要店员在店内四处穿梭收集商品，作业效率非常低下，而且由于店员时常混杂在来店客人中间，这让客人也感到非常诧异。

更为棘手的情况是，有的商品在网购客户下单购买时，系统尚且显示有货，不巧来店购物的客户刚好把最后一件商品买走了，导致商品实际上已经断货。

办公室墙边成排堆放着只装了一半商品的瓦楞箱，它们在等待着商品补货封箱。有时一等一周就过去了，结果自然是越来越多的客户打电话咨询或投诉，负责人每天应对这些电话已经筋疲力尽，很难腾出手来去扩大销售。

这类案例中的失败，大多是因为经营者在开展电商业务之前，并没有深入思考物流的重要性。实体店物流和电商物流是两码事，如果简单混为一谈的话，不仅难以核算业绩，也会使店铺形象大打折扣。说句不客气的话，这种做法可谓徒劳无功。

另外一家衣料专营连锁店也遭遇了如下的失败。这家连锁店为开展西装的网上销售业务，专门设立了电商销售部。公司在接到网络订单后会确认实体店的库存情况，安排有货的门店将商品配送至电商销售部门的仓库。在客户有修改裤长等需求时，又会将商品送到合作工厂，改完后再次配送。

这样，有时从下单到发货整个过程要花费 8~10 天之久。客户不清楚商品究竟何时能够送达，往往会多次咨询。这样一来，员工光是回复客户，确认商品的当前位置及订单状态就已疲惫不堪了。

例如，客户询问商品是否已经从门店发往物流仓库，员工由于无法确认就会联系门店，如果发现门店尚未发往仓库，就不得不再次委托门店发货。而电商的销售业绩只属于电商销售部，所以对于门店而言，应对迟缓也是人之常情。

如此一来，电商销售部最应该下大力气的市场营销业务反而只有 1/4 的员工来完成，剩下的员工则每天都不得不疲于应对客户的咨询和投诉。

很多零售商因实体店销售业绩停滞不前，转而进军电商领域。可如果他们轻视了订单执行环节，就会引发诸多客户的质询与投诉。常常有些公司做了两三年电商却依旧困难重重、举步维艰。

因业务量暴增导致的失败

以上案例不论属于制造业还是零售业，大多见于大公司。然而，对于在电商平台上开店的个人店铺而言，它们又有着不同的失败遭遇。

据称，如今的乐天网上商城，注册店铺约有 4.2 万家，其中绝大多数都是个人店铺，而仅有约 5%，也就是两千家左右店铺的月销量能够达到 1 000 件以上。

这样的网店销售规模较小，基本上店主会一人承包网站制作、电子营销杂志发送的工作，收到客户咨询时也会立即回复邮件。这些小店的市场营销可称得上是“自己动手，丰衣足食”，依靠着店主日复一日的精心打理，以及乐天网站的支持，基本上都运转良好。

这些小店遭遇的问题在于订单量一旦暴增，该如何进行库存管理及拣选发货等物流业务。一般来讲，日出货量达到 50 件，月出货量达到 1 000 件时，就接近了店主一个人的处理极限。店主有可能会请家人或者临时工帮忙，但随着件数的增加，客户咨询量及操作失误率也会随之增加，效率也就随之降低。如果店主在这种情况下也要苦苦硬撑的话，一旦他受伤或病倒，康复归来就会面临堆积如山的订单，到时就不得不中止营业，停止发货了。

当店铺日均出货量达到50件，月均出货量达到1 000件时，正是将物流业务外包，集中精力投入到商品销售及促销等市场营销活动的绝佳时机。

对易坏商品需要精心打包，发货前必须对多件商品进行组装，或者手表类商品出货前必须校对时间……如果店铺有类似的特殊情况，我们更是建议尽早研讨物流业务外包。

因组织架构不健全导致的失败

随着店铺的不断成长，物流将成为业务发展的瓶颈。然而，这并不仅仅是业务量增长造成的问题，大规模促销等非常态形式下店铺的物流应对能力也常常面临考验。

例如，有的店铺参加了电商平台的购物节活动，推出的主打商品收获了大量订单。可因为店铺订单管理系统中促销商品名称与采购时商品名称不一致，造成了仓库端验收环节操作混乱，发货进度大幅延迟。

供求双方事先商定好商品名称固然最好，但很难要求供应商在出货单等单据上单为某一家店铺修改商品名称。店铺只能修改自己的订单管理系统，而一旦这么做的话，电商平台内的搜索排名就会下降。

店铺如果能注意到上述问题，就已经相当不错了。实际上，很多店铺是在商品入库后才发现两者名称不一致的。仓库只好慌忙粘贴上两个商品名，再逐一打开货箱，将商品和自家商品照片比对确认。就这样，来之不易的大好商机也付诸东流了。

物流的服务质量不稳定也会造成问题。某家网店在主页上承诺下单后两日内发货，而且会全店齐心协力争取当日发货，以保证客户能够尽早收到商品。然而，一赶上年末订单集中时，店铺发货速度就会受到影响，甚至会出现下单一周后才发货的情况。那些早已习惯货物次日送达的老客户们自然会受不了，接连抱怨到货太慢，最终店铺尽数流失好不容易才积累的客户。

公司自身的物流业务很容易独辟蹊径、自成一家。店铺可以趁着销售淡季来整理库房和办公室的商品，这样即使有订单也可以凭借记忆拣选发货。

有的店铺的资深员工能够熟记每一个货柜，即使每天出货量超过 100 件，他只要一听商品名称就能瞬间判断出存放在哪个货柜。社长对此深以为然并大加夸赞，可一旦这位员工因生病而长期休假，或是辞职的话又该如何是好呢？此外，当出货量增至 2~3 倍时，一名员工又如何能胜任呢？

这些失败的案例全部都揭示了一个道理：当电商业务成长到某一阶段时，物流业务的组织结构设计、流程化管理将成为发展路上的必经步骤。而物流外包的意义，也正在于此。

因过剩库存导致的失败

过剩库存的产生，可以说是市场营销和订单执行的双重失败。

对电商而言，化妆品和保健食品销售通常都是对同一商品的连续性销售，所以库存消耗到一定量时就会再次采购，基本上不会出现过剩库存。

与此相对，服装百货类商品因为种类繁多、更新频繁，经常会产生过剩库存。

之所以产生过剩库存，无非是订单数量达不到预期量，或采购量超出了正常备货量，而通常发生的情形是后者。

负责采购商品的采购专员最害怕的就是商品断货影响销售，所以他们往往抱着绝不放过任何销售机会的心态，大量采购热销商品。然而一旦商品“退热”，销量便急剧下降，就会产生大量库存。比起滞销商品，畅销商品的不良库存对经营的影响更大。

另外常有的现象就是，店铺原本计划采购60件商品，但工厂和经销商提出了一次性购买100件可以减价优惠的政策，因此明明只能销售60件商品的店铺，却经不住诱惑而购买了100件商品。长此以往，就会造成库存积压。

从经营上来讲，比起将贪图便宜而多买的40件商品打折出售，还不如以稍高的价格按需采购60件，并且将其全部售完。少量多次采购的话每次单价可能会稍有上扬，但这样做可以有效提高仓库利用率，节省因打折处理等造成的运营成本，从而将精力集中到畅销商品上，因此从整体上看十分高效。

我们每次接到类似这种库存过剩的咨询时，经常会向客户提出这个建议：修改公司采购员的绩效指标。除销售额及利润之外，还应增加“剩余库存”的相关指标。

在Scroll，我们将期末库存货值的预算加入采购的评价标准里。如果是服装类商品的话，还会按照下一年是否能够继续销售来进行区分，对于下一季度仍可继续销售的商品进行评价扣分处理，对无法销售的商品则进行库存处理。公司制定好考评规则之后，通过设定绩效目标来增强采购员对采购过剩的敏感度。

销售旺盛时，即使有积压库存，资产负债表上的数据也不会引起注意，而当销量停滞不前甚至下滑时，库存将会成为沉重的负担，既无法变现，又不得不每月消耗无谓的仓储费。

如果只关注销售额和利润的话，库存问题很容易遭到忽视。库存处理所带来的损失及仓库租金都必须计入损益。从这种意义上讲，市场营销与订单执行的互动非常重要。

因信息系统不配套导致的失败

如今的电商离不开信息系统的支持，多数店铺也根据自身需要引入了各式各样的信息系统。

然而，这些信息系统也有各自的问题。接单、支付、商品管理、库存管理等各项业务都有相应的信息系统，而各个系统的联动与配合往往难以取得一致。

在这一点上，个人网店的现状是业务规模较小，多以简单的系统入行，店主本人在信息处理方面的造诣也大多很高。例如，一家老字号店铺的继承人大学毕业，在普通的公司工作一段时间后继承家业，并通过电商扩大店铺的销路。他从一开始就专心开展网络销售，所以与系统相关的问题反而很少。反过来说，能活下来的都是熟悉系统运行规则的个人网店，不熟悉这些的个人网店已经早早销声匿迹了。

最先注意这一点的，反而是那些大公司。大多数大公司投身电商时，往往还没等完成筹备规划，信息技术部门就已经着手开发系统了。

例如，信息部长说："我们的系统都是A公司开发的，电商的接单、结算系统也交给他们开发吧。"于是公司将系统外包给一家大型系统供应商，从零开始开发系统，之后若是还需反复修改，又会继续增加成本。

然而，网站建成后，年销售额还不到预期的几分之一，连折旧费都覆盖不了。诸如此类本末倒置的事可谓随处可见。

因此，即使是大企业，在创立电商事业初期，合理的方案也是首选整套软件系统。

当今应用服务提供商（ASP）面向电商提供的各种综合软件不计其数，与公司自主开发相比，这些软件不仅成本低廉，而且灵活性高。

信息系统还存在着数据互传的问题。一家大型专业连锁店的网店和实体店一样，都定制了B公司的接单发货系统。然而，物流外包公司一般都会使用独立开发的仓库管理系统（WMS），用于从上游的接单系统中接收数据，执行物流业务。而B公司的系统却没有发送订单数据的功能，对于发货业务爱莫能助。

电商形式多种多样，物流也必须根据不同商品的特性，综合入库、拣选、配送乃至信息系统各个环节进行总体统筹规划，否则极易导致成本浪费和效率低下。

即便是物流业务外包也不例外，能否根据商品特征设计业务流程直接决定着服务品质的高低。如果只是一味考虑成本问题，一旦发生大的纠纷，店铺好评率将急速下滑。

因自动化导致的失败

说到系统，以亚马逊智能仓库为代表的前沿技术可谓备受瞩目，但机器人自动化并不能解决所有的问题。

要实现智能仓库和机器人自动化，必须结合经营商品的数量及日均业务处理量等要素，事先制定和设计方案，而且需要相当的设备投资。

另一方面，我们并不能确定现在经营的商品及销售方式能否持续下去。在电商市场不断发展的情况下，大量企业涌入，市场竞争进一步加剧，从商品到营销手段瞬息万变，现在的主力商品很有可能在 5 年之后全部被更新换代，营销手段也今非昔比，特意投资的智能仓库和机器人自动化技术也可能在数年之后变得毫无用处……正所谓“今天的便利就是明天的不便”。

相反，只要采用普通的工业技术，根据商品变化区分货架，根据订单数量增减工人，通过人工附送传单，完全能够实现物流业务的经济、高效运转。

当然，如果企业相同尺寸商品的日出货量达到了上万件，我们还是建议尽早引入智能仓库；但若月出货量只有 1 万件左右，完全可以依靠人工处理。

截至目前，我公司最多曾帮助一家电商企业达成了单月 20 万件的出货成绩。这家企业此前的月均出货量为 10 万件，在消费税上涨的驱动下订单激增至 20 万件，不过，通过增派工人最终得以完美应对。试想，若是公司采用的是自动化设计，就不得不为了这一两个月的特殊情况而增加设备装置。

因快递费用上涨导致的失败

快递费占整个物流成本的一半左右，仓库的出入库作业费占到 3~4 成，剩下的则是包装材料、管理经费及仓库租金等费用。

显而易见，从物流成本上讲，快递费上涨已成为当今物流行业面临的重大难题。例如，2013 年夏季，雅玛多物流因没能做好冷链运输的温度管理，导致负责运送的冷冻、冷藏商品融化，造成了巨大的经济损失。以此为契机，雅玛多物流近期先后对公司客户在快递费上进行了大幅涨价。

一直以来，冷冻品和冷藏品就存在运输能力受限的问题，而雅玛多物流此前在全国范围内始终采取全国一律500日元，冷冻品一律700日元的定价方式。这次价格调整，是要回归物流经营的本质，按配送距离和商品体积定价，所以北海道、九州、离岛等偏远地区的涨幅最大。

其他快递供应商的涨价动机如出一辙。

2013年，佐川急便率先对公司客户实行了涨价。受此影响，一直选用佐川急便服务的亚马逊也不得不改用雅玛多物流。佐川急便过去擅长B2B物流业务，虽然在快递业务上一直采取低价扩张的竞争策略，但是这次不得已进行了战略调整。

无独有偶，日本邮政旗下的“邮政快递”也以人工成本及燃料价格上涨为由，对公司客户实行了涨价。此次涨幅因客户不同而不尽相同，但平均涨幅应该都在几个百分点左右。

日本国土交通省的统计数据显示，2013年度快递业务量比上年增长3%，约为36亿件。电商的增长势必带来快递业务量的增长，然而，在日本全社会劳动力不足日趋严峻，燃料价格居高不下的形势下，快递费用也将持续上涨。

在此之前，北海道、九州地区的快递费用相对于配送距离而言较为低廉，因此受此次涨价的影响最大。

对于此类情况，对策之一就是在关东地区设立配送网点，通过集装箱统一配送后再根据客户订单从网点直接发货。

北海道的一家电商企业正计划更改发货方式，每周将商品通过集装箱统一运送到 Scroll360 位于浜松的物流网点，再从浜松分别发货。这样虽然额外增加了集装箱费用和在浜松的仓储费，但按日均上百件的发货量来计算的话，平均每件快递费用可以节约 100 日元以上。这样不仅可以从整体上节约物流成本，还可以缩短配送时间，提升物流服务质量。

今后，我们也将会继续推广这种模式。

3

电商的分类

电商的分类与成长轨迹

参与电商市场的企业规模大小不一，而企业的类型却是筹划物流时的重要前提。在此，我们试着对电商企业进行以下几种分类（见图 1-4）。

1 按网店来源分类

- **个人商铺**
  个人商铺的网店
- **企业电子商务事业部**
  新增长点、实体店交叉营销、制造商基本商品的直销

2 按销售渠道分类

- **入驻电商平台**
- **销售官网**

3 按销售商品分类

- **单品营销型**
- **综合营销型**

图 1-4 电商企业分类

第一种分类法是根据网店来源分类，大致可分为中小型个人网店及大型企业的电子商务（EC）事业部。

个人网店中也有很早就投身电商大潮，入驻乐天市场等电商平台的先行者。

另一方面，企业的电子商务事业部则会根据自身特点采取不同的电商营销方式：制造商自建网站进行商品直销；媒体类企业将电商业务作为新增长点进行开发；流通类企业则联合实体店开展“交叉营销”，并亲身参与其中。

第二种分类法是根据销售渠道进行分类，大致可分为入驻电商平台开店和建立企业销售官网两类。前者以个人网店居多，后者则多见于大型企业。

然而，以入驻电商平台为主的个人网店最近也开始兴建自己的官网，拥有官网的大公司也开始入驻电商平台，类似这样的跨领域经营越来越普遍。

同时，最近社交网络（SNS）与大众媒体等各类媒体配合推行的跨媒体营销也成为一股新潮流。

第三种分类法是根据所销售商品进行分类，大致可分为单品营销型和综合营销型企业两类。

单品营销型企业顾名思义，主要经营少数特定种类的商品，大多为化妆品和保健食品。因此，单品营销又称为重复营销。

而综合营销型企业所经营商品种类、数目繁多，适用于类似亚马逊一样的大型购物网站。

经营商品种类不同，商业模式自然也不尽相同。很多单品营销型企业为了培养长期稳定购买的忠实客户，会在客服中心根据不同客户身份及状态①为其配备相应的客服人员，灵活运用社交网络等营销手段，大力加强客户维护，强化市场营销。

另一方面，对于综合营销型企业而言，它们也必须重视培养回头客，并且持续开发新客户，因而它们常常充分利用搜索引擎等网络营销手段，开展大规模促销活动。

网店的成长阶段

让我们以营业规模为基础，按照店铺的发展阶段，尝试进一步整理上述企业的分类（见图 1-5）。

① 单品营销十分重视客户的回购（相当于培养新客户），会对客户的“首次尝试购买客户”“正常购买客户”和“定期购买客户”身份进行分类管理，因此客服中心也会根据客户身份在出货时搭配不同的问候卡片、产品说明书等捆绑物。

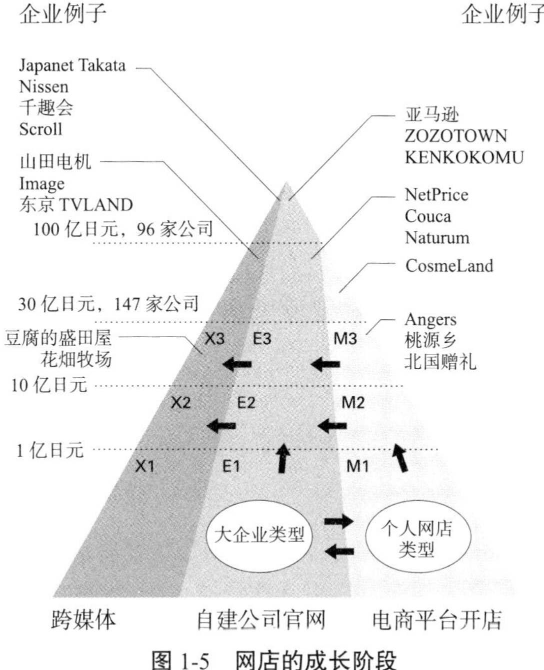

图 1-5　网店的成长阶段

年销售额在 1 亿日元以下的阶段属“创业期”，无论对于个人网店还是大型企业，这个阶段都可谓是事业起步期。

处于该阶段的绝大多数商家都是入驻电商平台的个人网店。大公司将电商业务作为新业务立项时则大多选择创办本公司的独立域名。最近，越来越多的个人网店和大公司都开设了多个网站，开展跨域营销，但是我们需要时常反思究竟哪种创业方式才最有效。

年销售额超过 1 亿日元后，业务呈现出增长势头。虽然单靠在电商平台开店也能够达成 1 亿日元以上的销售规模，但进入这个阶段之后，更多的企业开始着手创建本公司的域名。大企业如果初期已在电视、报纸上投放了媒体广告，一般可以较快地进入这一阶段。

下一个阶段就是年销售额达到 10 亿日元了。这是一个瓶颈，个体经营必须向公司方向进行转型升级。

企业通过建立健全公司体制、导入各类信息系统、把部分业务外包这些手段谋求稳定的服务质量；并将以此积累的人脉资源转化为客户资源，加大对推销规划和宣传推广的投入。这些，都是把销售规模做到 10 亿日元以上的必备条件。

一般来讲，企业年销售额超过 10 亿日元后，固定支出占比下降，电商业务进入稳定期。此时个人网店也会成为家喻户晓的名牌，而大公司的电商业务也会产生稳定、可靠的收益，与主营业务的协同效应日渐凸显。

如果公司年销售额进一步突破 30 亿日元，一定会打造出人尽皆知的大品牌，只不过这样的公司可谓凤毛麟角。

4

年销售额达10亿日元的4个阶段及各个阶段的课题

从创业期到培育期和成长期

电商成长的重中之重，是如何跨过年销售额 10 亿日元的门槛。

在此，我们将试着对从创业到达成 10 亿日元年销售额的过程进行进一步细分（见图 1-6），并对这一期间的课题做以下梳理。

创业期是指个人网店和大公司的电商部门大多依靠人工作业，或入驻电商平台或开设官方网站，为收到第一张订单而感动的阶段。

处于创业期内的企业员工人数不多，老板大多身兼基层管理者，人数本来就不多的员工也必须承担从营销策划到宣传推广、订单处理、发货、会计等全部工作。

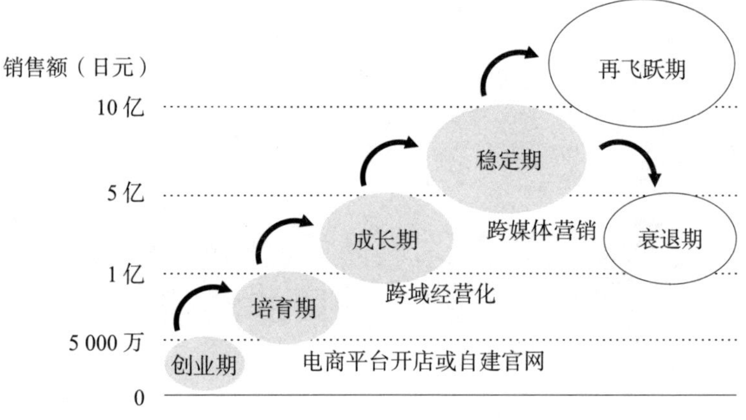

图 1-6　从创业到达成 10 亿日元年销售额的 4 个阶段

得益于宣传推广，公司年销售额增长至 0.5 亿 ~1 亿日元，进入培育期。每天订单数量增长到 40~80 件，公司不得不聘请 2~3 名临时工人来应对订单处理和出货。员工们每天光是应付眼前的工作就已精疲力竭，虽然不知道有没有赚到钱，但销售额确确实实在不断增长中。

企业进入这一阶段，基本上就需要对从接单到发货的各类业务制定规范了，也应将导入订单系统一事纳入考虑范围了。

培育期是为公司经营打下坚实基础的关键时期，是企业持续增长还是盛极而衰的分水岭。

年销售额从 1 亿日元到 5 亿日元的阶段称为成长期。

这时，我们需要有正式员工负责订单对应、信息系统、物流等业务，也会开始跨域营销。

此外，这一时期的公司单凭自身力量已经难以应对各种业务，这便迎来了考虑物流外包的绝佳时点。

进入稳定期之后的“10亿日元瓶颈”

公司年销售额达到5亿~10亿日元规模时，就进入了所谓的稳定期。月均订单量超过1万件，业务模式及周期性规律基本定型。

此时，公司需要重新审视组织架构和促销推广方案。在这一阶段，公司反而很难保持现有的销售规模，一不小心就会导致销售下滑，加之促销费等必要的投入，无法进一步提高利润率。电商业通常将这一阶段称为“10亿日元瓶颈”。

从个人网店起家的店铺如果只在电商平台上开店的话，宣传推广手段受限，因此会逐步努力开办自己的官网，和纸质媒体、实体店铺合作，实现跨媒体营销。同时，也需要开始建立健全公司的薪酬体系、绩效制定–评估标准、员工培训制度等。

因此，电商只有针对不同发展阶段的不同课题进行具体问题具体分析，才能够避免失败，切实掌握发展的秘诀（见表1-1）。

表 1-1 网店发展阶段的相应课题

	创业期	培育期	成长期	稳定期
年销售额	0~5 000 万日元	5 000 万~1 亿日元	1 亿~5 亿日元	5 亿~10 亿日元
月销售额	0~500 万日元	500 万~1 000 万日元	1 000 万~5 000 万日元	5 000 万~1 亿日元
月订单数	0~1 000 件	1 000~2 000 件	2 000~1 万件	1 万~2 万件
日订单数	0~40 件	40~80 件	80~400 件	400~800 件
关键词	家庭作坊式（基本手工作业）	工厂人工操作（工人不眠不休地努力）	工厂机械操作（导入系统或业务外包）	公司组织化（探讨飞跃新阶段）
开店情况	a. 电商平台开店 b. 自建官网	加大营销力度，实现销售增长	开始跨域经营	研究跨媒体营销
大事记	• 网店开张 • 第一单的感动	销售扩大，订单处理和发货让人焦头烂额	导入系统也应接不暇，决心外包物流	投入营销费以维持销售，利润难以提高
员工数量（除社长外）	社长 1 人	2~3 名临时工	3 名正式员工	业务外包，人员变动
面临的课题	• 如何提高销量 • 一人身兼多职，手忙脚乱（商品企划、营销、订单处理、出货、记账等）	• 招聘临时工（开始分工） • 规则变得重要（服务面、接单和出货） • 不知道是否在盈利 • 接单系统的导入时间	• 开始需要懂业务的正式员工（订单应对、系统构建、物流管控） • 需要外包物流	• 电商平台开店的临界点（开办自己的官网、推进跨媒体营销） • 公司组织化（薪酬体系、绩效制度、评估标准、员工培训制度、合规）

5

避免失败的方法

制定基本战略

在此，笔者根据电商不同发展阶段下的各个课题，列举 3 点要领，帮助公司避免遭遇本章开篇所介绍的那些失败经历。

第一，认真制定基本战略。大家或许以为这一点理所当然，但实际上却很难做到。我们必须明确最初是为什么要做电商，有着什么样的目标，为此要经历哪些阶段等一系列问题。

如果工厂投身电商是为了把产品直接销售给客户的话，那就需要制定销售目标，并要确定为了达成销售目标而需要的订单量，为了达成订单量而需要的店铺访问量（独立访客），访客转变为客户的比例（转化率）以及平均购买单价等重要信息。

为了达成销售数字，要使用何种媒体？进行何种宣传？宣传到何种程度？又要投入多少预算？我们必须逐一探讨这些问题。

拥有实体店铺的流通商，是要开发实体店客户以外的新客户，还是要实现和实体店双赢的效果？目的不同，具体的推广方案及服务体系架构也不尽相同。电商可不是只把实体店的商品搬到网上销售那么简单。

电商市场风云变幻，等到计划落地时市场也许早已时过境迁。所以，战略的制定虽应力求审慎，但若长期举棋不定，只会与成功渐行渐远。我们建议大家首先确立战略的基本框架，然后在试行与实践中不断修正。

机会不等人。当大型鱼群出现时，若还要在精心制作好渔网后才出海捕鱼的话，鱼群早已消失于大海之中。希望大家都能以此为鉴，及时把握商机。

窄－深商品结构策略

第二，在电商经营初期，要尽量限定商品种类，对商品进行纵深挖掘，这就是所谓的窄－深商品结构（Narrow&Deep）策略。

无论你经营的商品范围有多广，也难敌亚马逊那样的大型网络商城。

无论店铺规模大小，电商的基本战略都是从“窄－深”起步，应尽量减少商品种类，提高各项业务水准，培养忠实客户，之后再慢慢扩充商品的种类。

例如，家居建材城如果把商品全部搬到网上销售的话，物流崩溃便在预料之中。电商销售适合有一定重量、回购率高的商品，以及体积庞大难以搬运的长尾商品，比如狗粮等大包装商品，以及梯子等车辆无法装载的工具等。客户在开始养狗时就会向店铺咨询哪种狗粮好，接着尝试购买，一旦选定后就会定期购买。这种每次外出购买起来很麻烦的商品就适合通过电商来销售。

这也是 Scroll 在电商行业积累的经验之谈。Scroll 在电商经营的产品从时装到内衣、窗帘、床等多种多样，而我们扩充商品种类的过程，是针对每一类商品单独开设网站的过程。内衣就是内衣，生活杂货就是生活杂货，服装就是服装，就这样分别建立独立域名，从而打开了销售局面。

从网站的访客访问量来看，商品种类不同，访问量的走势也不同。大多数访客的访问目的是为了购买生活杂货，所以，主页上的商品目录指引非常重要。很多客户到家居建材城购物时，会直接观察商店的引导牌，然后直接去寻找目标商品的销售场所，所以商店里很少有漫无目的来回闲逛的客人。网站的设计也是如此，要对厨房用品、化妆品、家饰家纺等商品进行分门别类，以便客户迅速找到目标商品。

女性客人在购买内衣时，通常会先选定尺码。如果女性客人翻看商品照片后选中了中意的款式，却发现没有适合自己的尺码，就会立刻关掉网站结束浏览。所以，针对尺码的设定非常重要。

服装虽然可以按上下装分类，但对于女性客户来讲，服装的品味和风格尤为重要。她们中很多人会根据休闲、雅致、淑女等风格来搜索商品，所以最好在主页上设计一个按风格分类的检索目录。

依据商品种类和类型不同，网站的搭建方法也不尽相同。如果随意将商品堆放到网站上，会导致商品检索困难，用户体验不佳等问题，因此需要引起注意。

认识经营数据的重要性

第三，就是要把握经营数据。有很多网店虽安然度过了创业期和培育期，却因没能准确地把握这一点功亏一篑。

个人网店大多如此，而大公司新设立的电商业务部虽然看似明白销售额和利润率的概念，却搞不清楚如何判断二者的关系，更别说将其运用到经营上。

特别是那些只看重销售额的公司，尤其要注意，销售额固然重要，但若不把握销售额与成本的平衡，就可能导致销售额不断增长利润却寥寥无几，甚至出现销售赤字。

一位精通电商的税务专家总结出一套收支模型（见表

1-2），若商品的成本率为50%，再减掉15%的物流费，5%的结算费，5%的电商平台收费，边际利润（商品销售收入与变动成本的差额）即为25%。再从这25%中扣除10%的人工费、5%的促销费和其他杂费（办公室房租等），至少要保证5%的利润率。

表1-2　电商的收支模型

		创业期	培育期	成长期	稳定期
销售额（千日元）/月		5 000	10 000	50 000	100 000
变动成本	商品进价（50%）	2 500	5 000	25 000	50 000
	物流费（15%）	750	1 500	7 500	15 000
	结算费（5%）	250	500	2 500	5 000
	平台费（5%）	250	500	2 500	5000
	小计	3 750	7 500	37 500	75 000
边际利润		1 250	2 500	12 500	25 000
固定成本	促销费（5%）	250	500	2 500	5 000
	人工费（10%）	500	1 000	5 000	10 000
	其他杂费（5%）	250	500	25 000	5 000
	小计	1 000	2 000	10 000	20 000
销售利润		250	500	2 500	5 000
成本率		50%	50%	50%	50%
边际利润率		25%	25%	25%	25%
销售利润率		5%	5%	5%	5%
劳动分配率（40%）		500	1 000	5 000	10 000

并非以销售额的百分之几，而是以边界利润的20%取值

最重要的是促销费。企业为了提高销售额免不了要花费一些促销费，但并不能因此而随意挥霍。在参加电商平台上五花八门的宣传和促销的同时，也要注意控制费用。

很多店铺根据销售额分配固定比例的促销费，它们可能认为只要销售额增长了，自然就可以消化促销费等成本。然而，有的店铺因为经营管理松散，销售额稍一增长，成本就会激增，利润空间遭到压缩，进而导致破产。

管理促销费的大原则就是要将促销费控制在边际利润的20%以内。当然，根据经营商品种类及商业模式的不同，这一数值多少会有不同，但如果能保证把促销费控制在边际利润的20%以内，就能够避免出现销售额增长却仍然破产的悲剧。

此外，在电商平台上，常常有一些商品明明很畅销，却不能准确把握销售利润的网店。

它们在制作月度决算报表时，大多从平台运营端获取当月订单金额，通过平均成本法计算成本，最终得出利润率。然而，只有扣除订单缺货和销售退货之后才能算出真正的销售额。而且，绝大多数电商平台的促销费用在两个月之后才会进行结算，所以有的店铺以为自己在盈利，可两个月之后才发现实际上已经产生经营赤字。

因此处于在成长期的企业，建立起通过月度决算来准确把握盈亏情况的管理机制非常重要。

小结

- 电商市场急剧发展，根据对物流投入程度的不同，胜败两极分化趋势显著。
- 制造业、媒体业、流通业等各行业企业存在特有的失败案例。
- 电商业务有着一定的发展阶段，明确各个阶段的课题才能健康发展。
- 制定基本战略、窄–深商品结构策略、把握经营数据尤为重要。

第2章 电商中物流的作用和重要性

02

1

物流对于电商的意义

物流是企业与客户的“接触点”

笔者在第 1 章列举了各类失败案例和经营困难，这些大多是因为电商企业在经营中没能理解订单执行的含义，特别是物流的重要性所致。

电商业务中的“物流”，并不仅仅是库存管理和收发货业务，而是将线上的虚拟交易还原到线下具体商品流通的重要“客户接触点”。

电商与其他零售业相比，两者最大的区别在于是否拥有实体店。和其他零售业不同，电商并不拥有实体店，所以它本身的价值链就与其他零售业不同（见图 2-1）。

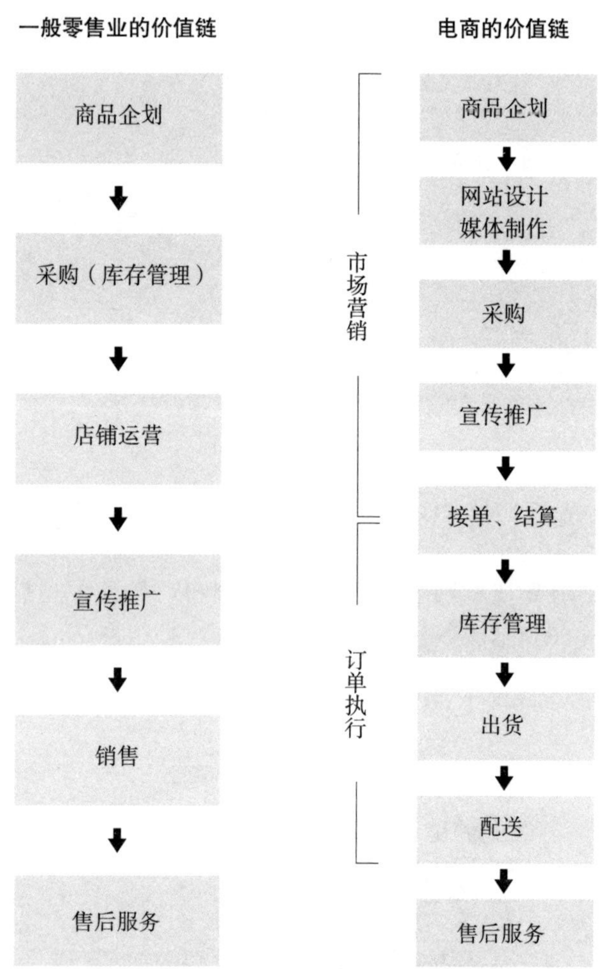

图 2-1　一般零售业与电商的价值链对比

确实，作为零售业形态之一，电商通过在网上开店并广而告之，吸引客户访问网站，把商品放入购物车，点击购买按钮来实现销售。如何建设一个魅力四射的网站？如何吸引访问者的眼球？又如何激发他们的购买欲望？营销方式的不同，理所当然地决定了销售额的不同。

然而，客户在网上下单购物时，商品还“看不见摸不着”，所以店铺至少要在网站上提供商品的照片、规格、说明等供客户参考。按照电商的行规，接单、结算、库存管理以及出货、配送等一系列环节被称作订单执行。

在一般零售业中，客户直接在实体店的货架上挑选商品，然后直接拿到柜台结账后带回家，这样一来，企业与客户的接触基本在店铺里就会结束。

所以，一般零售业里所说的物流，大部分属于“入场物流”①，即公司从厂家或经销商那里将商品运送到自己的仓库或店铺，或者是由加工中心运送到店铺，只有对配送笨重商品等少数情形才会采用面向客户的“出场物流”②。

而在电商行业，店铺通过电话或网络接单后，拣选、出货和配送的操作是在仓库进行，所以必然会发生面向消费者的外向物流。

---

① 入场物流指包括货物原材料在内的商品采购、进货运输、仓储、库存管理、用料管理和供应管理。——译者注

② 出场物流指成品的仓储、运输、用料管理、成本管理等，与入场物流相对。——译者注

此外，和一般零售业相比，电商的结算方式也有代付费和后付费等多种形式。我们必须认识到，从价值链以及物流内容（见图 2-2）上讲，一般零售业和电商行业可谓有着天壤之别。

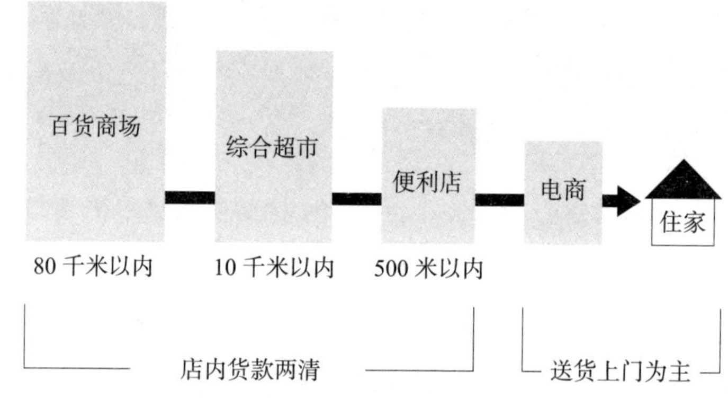

图 2-2　各零售业态与客户之间的“物流”距离

2

电商中的“木桶原理”

“木桶原理”的定义

根据价值链的特性，电商行业里经常会提到“木桶原理”（见图 2-3）。木桶是由多块木板箍成的，如果木板高低不一的话，水就有可能从最短的那块木板那里流出来。同理，对电商来说，不管提供的商品多么魅力四射，打造的网站多么简单明了，营销手段多么刺激消费者的购买欲望，如果做不好后续的订单执行（特别是物流水准低下），都会导致客户对店铺的评价大打折扣。

试想，如果店铺都要等到发货的时候才发现库存不足，不得不对客户的订单数量减半，这会给客户留下何种印象？客户收到商品之后，一开箱发现商品摆放杂乱，单据也找不到踪影，又会作何感受？

给店铺打个不及格的 50 分，甚至发誓再也不买第二次了……客户的这些反应也可谓人之常情。

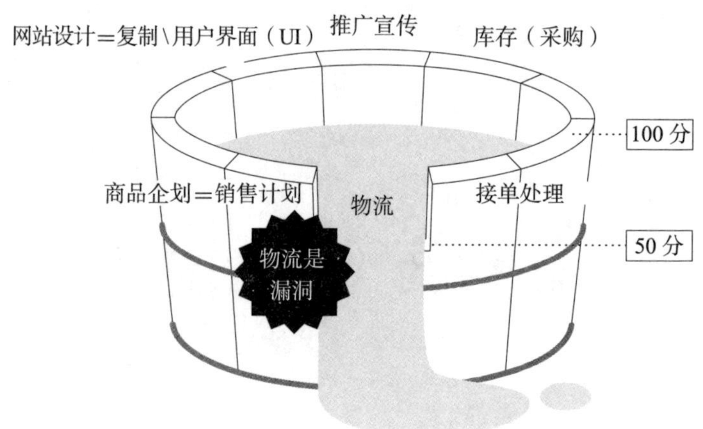

图 2-3 电商中的“木桶原理”

最坏的差评会严重影响整个店铺的评价。

这点对于实体店来讲，先不论商品本身质量好坏或是否好用，客户在店内购买完商品后会自行带回家，所以除掉客户委托商店送货上门时发生中途破损或配送延迟这种例外情况，物流因素基本上不会影响客户对店铺的评价。

因物流导致的差别化

电商在经营的商品和其他竞争对手公司相比差别不大时，如果能够在配送时限、包装形象、商品附送的产品信息等可能影响客户消费体验的细节上做足功夫，就有助于实现自身产品的差异化。电商的一个突出特点就是能够通过物流实现差异化。

细想一下，在电商销售中，直到商品到货以前，销售基本上是通过客户滑动鼠标完成的。正因为如此，商品到达客户手中的那一瞬间所带来的第一印象才具有非凡的意义（见图 2-4）。

因此，电商物流既要避免一味压缩成本，更要保证零差错率，再者，物流环节还是一个满足客户期待，构筑品牌形象的绝佳机会。

有的网店经营的商品和主页设计明明是日式风格，可商品包装却是西式花纹样式，这难免有些让人莫名其妙。从商品到包装，都应该建立统一品牌风格（鲜明体现店铺形象），从而令客户记住店铺名称，提升电商平台上的评论人气。

关于电商如何借助物流构建品牌，我们会在第 5 章里列举几个具体的成功案例，供读者参考。

令人失望的到货案例

1. 包装箱破损
2. 头发混入
3. 包装箱因没装满而晃荡，包装箱非环保材料
4. 廉价感十足（包装）
5. 包装过剩，拆包麻烦

可以加分的到货案例

1. 手写问候卡片
2. 为新客户准备折纸鹤材料
3. 增加积分兑换赠品服务
4. 配送商品用作礼物时，邮件发送商品照片给客户（赠礼人）
5. 随货附送店铺周边信息
6. 牛皮纸胶带上印制漫画

图 2-4　电商业中商品到货状态的重要性

商品类别和订单预估

电商物流的核心环节在于库存管理和发货。一般来讲，只要切实做好收货和入库，后面的环节就会轻松许多。特别是被称作“营销单品”的化妆品和保健品，它们的商品统一编号相对单一，在入库业务上很少出现问题。

而杂货和时装类商品由于种类繁多，不经整理就入库的话极易产生麻烦，降低效率。

如果店铺商品类别繁多的话，会进一步加大订单预估的难度。虽然我们必须制订商品销售计划，事先预估每一种商品的订单数量，但正如第 1 章介绍的案例一样，经营者稍不留意就容易产生过剩库存。相反，宣传推广活动见效之后，订单也会雪片般飞来，又可能出现由于发货应接不暇、商品断货而导致的销售机会损失问题。

由于销售过程中会出现客户取消订单或者退货的情况，所以提升订单预估的准确率的关键在于不仅仅对接单环节，还要对物流环节推行切实有效的数据管理。

不过，对于电商来说，如果一旦断货就能立刻将信息同步到网店的话，即使丧失了销售机会，也会最大程度地减少与客户发生摩擦的概率。

电商系统与仓库管理系统的协同运作

销售系统对于电商来说必不可少。当前，公司官网搭建、平台订单处理、商品目录管理、库存管理，等等，业界面向电商开发的系统五花八门，让人眼花缭乱。

所以，电商公司一定要选择最适合自己的电商系统。特别需要注意的是，当物流业务外包时，一定要确认系统能否将必要的出货数据同外部系统进行关联。

一般的电商企业会在利用电商系统对订单数据进行加工处理（库存备货、入账确认等）后开具发货指令，并发送给第三方物流。第三方物流对数据进一步加工，最终准确而高效地完成发货任务。

第三方物流用于加工数据的系统即“仓库管理系统”（WMS）。

WMS 的功能主要体现在：

（1）对仓库库存实行库位精确定位管理；

（2）准确、高效地开具出货单据；

（3）与雅玛多、佐川等配送服务商合作，生成出货单号后向配送服务商发送出货报告数据；

（4）仓库内部整体作业进度管理及各类数据分析，等等。

毫不夸张地说，WMS 的优劣直接决定第三方物流公司的优劣。

企业选择第三方物流时，一定要询问对方的 WMS 和自己公司选用的电商系统是否有过成功兼容的先例。此外，从经营的角度出发，我们还建议同第三方物流确认他们提供的数据格式。

我所在公司（Scroll360）的 WMS 结合了自主开发的“通信销售搬运工”软件的经验和成果，能够和“加油吧店长”、“Sabasuta”、“未来商店 2”（Future Shop2）、“买大利”（Make Shop）、“下一个发动机”、“通信销售库”等多个动态服务界面（ASP）软件实现交互。

使用上述软件的电商如果选择将物流业务外包给我们公司，无须特别变更设置即可对接我公司的系统交换数据。订单数据一经传至我公司，仓库就能立即开始出货作业，并每日更新最新库存数据反馈给店铺；当预定入库数据传来时，仓库又会据此完成商品的入库和验货，同时立即更新库存数据。

如果电商能够配备这样的信息系统，并将商品委托给我公司管理的话，我们可以迅速使得电商的订单执行成为可能。

要想在电商领域占领先机，首先要从理解电商系统和WMS协同运行的重要性开始（见图2-5）。

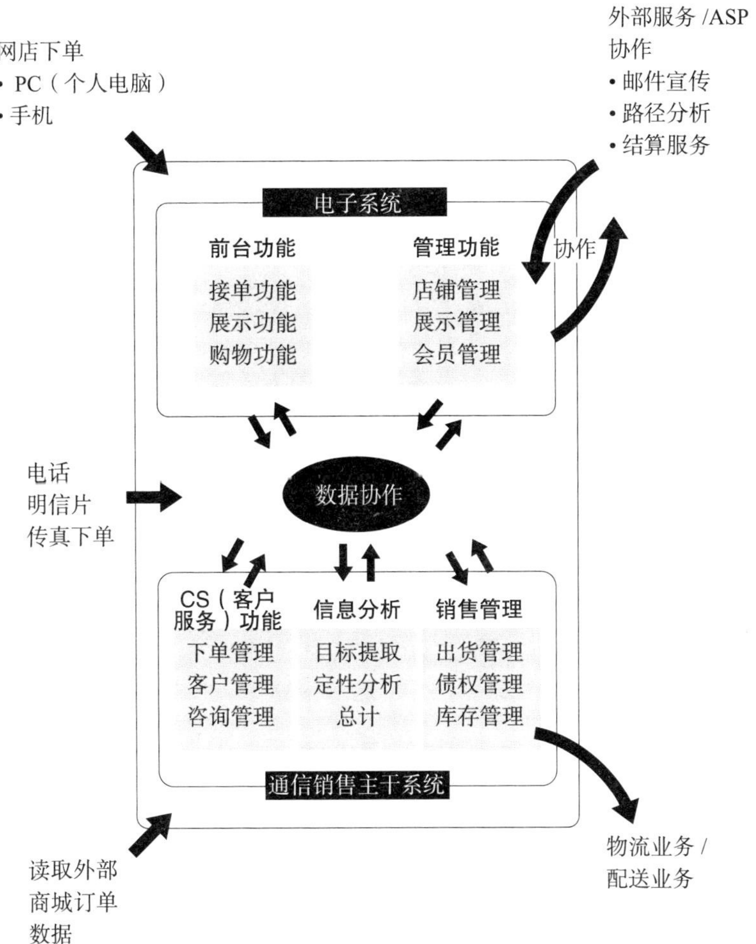

图2-5 电商中订单执行的数据协作概念图

3

从经营角度看物流战略 “Right Chain®”

与世界标准的物流理论相遇

本节将谈及战略性构建供应链物流的方法。这一方法是指爱德华·佛莱哲利博士所倡导的RightChain®。佛莱哲利博士作为供应链战略家享誉世界，他为上百家世界一流企业提供教育及咨询方案。

RightChain® 作为供应链整理优化的指南，在全球范围广为应用，并创造出无数成功案例，构建了世界标准的供应链物流的战略轮廓。

我们与佛莱哲利博士的相遇要追溯到1988年。当时，佛莱哲利博士受美国政府委托，正在进行日美物流比较研究的项目，他访问了作为研究对象之一的Scroll（原MUTO）。

24年后的2012年，Scroll360从开展Right Chain®教育

咨询活动的三菱化学工程的 LogOS 团队那里，学习了 Right Chain® 理论。

至今，我们仍然在不断制定和引入以 RightChain® 理论为基础的各项战略，并计划两年内投入运行一个采用 RightChain® 理论的订单执行中心。

在 1988 年佛莱哲利博士曾访问过的物流中心里，开设一个运用博士倡导的理论建成的订单执行中心，让人不禁感叹缘分的妙不可言。

“供应链物流”经常被人们与“物流”混为一谈。物流是指从供应商到消费者中间“物”的流动，而供应链物流则是指消费者同供应商结成功能网链，从而实现“商品”“信息”和“资金”的流通。

作为供应链物流最优化的手段，RightChain® 创造了无数的成功案例，其成功之道可谓显而易见。

一般的物流改善方案都着眼于提升运营能力，而 RightChain® 则致力于实现“财务”“服务”和“运营”的共同提高（见图 2-6）。

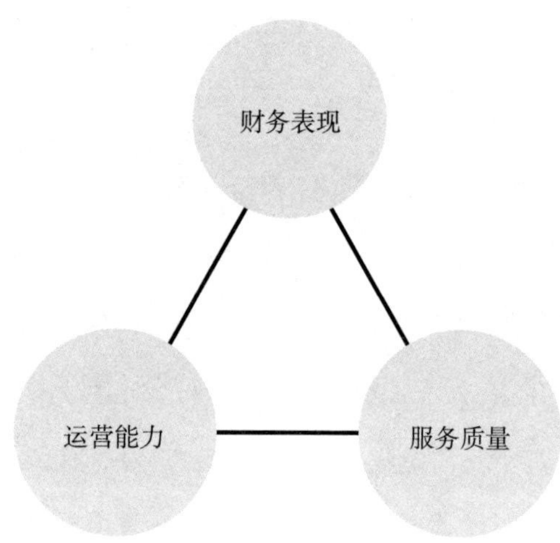

图 2-6 RightChain® 的目的

RightChain® 在提升客户服务水准的同时，也将物流对销售额、费用及资本所带来的影响纳入考虑范围，这也正是 RightChain® 的与众不同之处。

什么是 RightChain®

以上的说明可能有些晦涩难懂，下面我们举几个具体的例子帮助大家理解。

资产收益率（ROA）是评价经营效率的指标之一。它是企业利润额与持有资产的比例，企业单纯削减库存会提高资金周转率，但可能引起销售机会损失、订单流失以及客户投诉，从而导致利润下滑，这样 ROA 难以提高。相反如果库存过多，虽然可能会减少销售机会损失，提升销售额，但资金周转率下降，也会招致 ROA 下滑。

因此，物流形成于诸多课题以及复杂的权衡关系。RightChain® 就是要对这些权衡问题进行最优化配置，范围涉及整个供应链物流整体。整体最优化并不是无条件追求物流总成本（TLC）最小化，而是以满足一定的制约条件为前提，实现目标函数 TLC 最小化。

这里所说的 TLC，是物流运输、仓储作业、库存管理、销售损失成本的合计（见图 2-7）。所谓制约条件，最具代表性的有客户服务政策中的在库充足率（库存充实率或订货满足率）和反应时间（应对客户订单所需时间）。

客户服务策略实质是企业和消费者之间的契约。换言之，只有在遵守与客户约定的同时，最大程度地降低物流总成本，才称得上整体最优化。

另外，在日新月异的商业环境中，我们不得不构建物流战略加以应对，而 RightChain® 则很好地将商业环境与物流战略结合在了一起（见图 2-8）。

RightChain®，就是连接不断变化的商业环境与物流战略的方案。

物流总成本（TLC）=
运输总成本（TTC）+
仓储总成本（TWC）+
库存持有成本（ICC）+
销售损失成本（LSC）

图 2-7　物流总成本明细

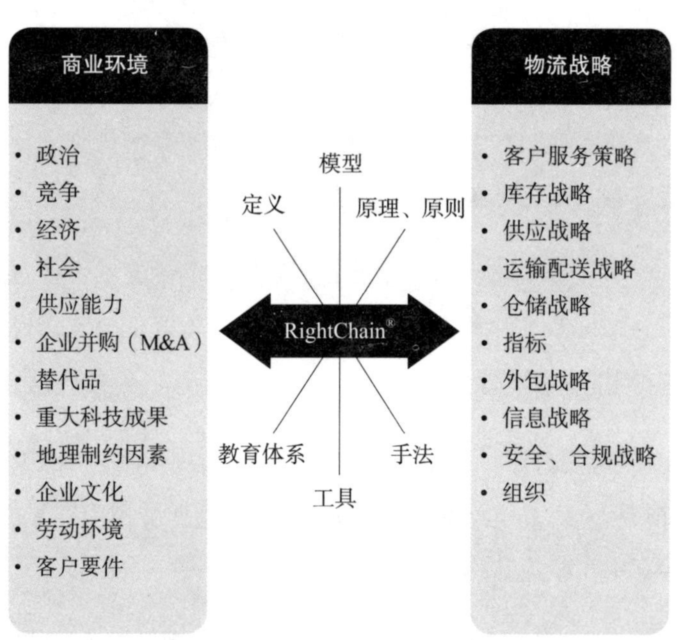

图 2-8　商业环境与物流战略的结合——RightChain®

以整体最优化为目标

RightChain® 将物流战略分为 10 项构成要素，并密切关注其中 5 项要素的活动，将其作为整体最优化的框架——"RightChain® 供应链物流模型"进行提倡（见图 2-9）。

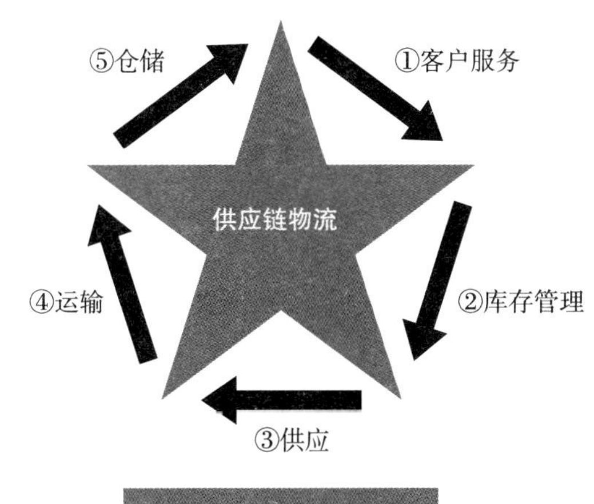

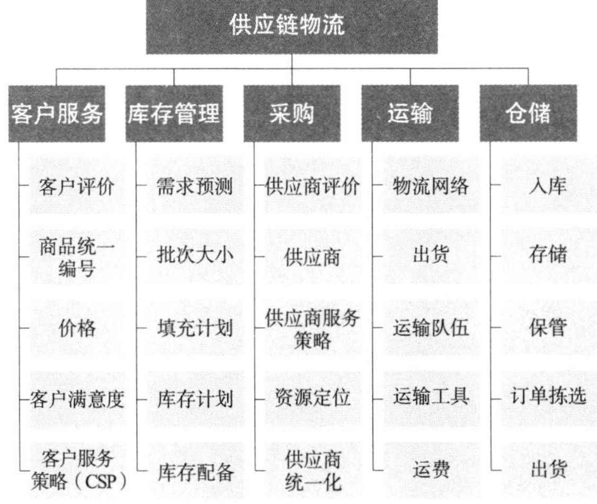

图 2-9　RightChain® 供应链物流模型

“客户服务”是指设定每一客户环节中的在库充足率、反应时间、附加服务等服务水准。

“库存管理”是指为了达成客户服务策略所设定的客户服务水准所必需的库存量。

“采购”是指为了确保必要的库存量，协调优化采购和生产日程。

“运输”是指为了满足客户服务策略中定义的反应时间要求，确保物流网络（探讨网点选址）的最优化，以及确保必要的库存量，实现供应和配送运营的最优化。

“仓储”是指为了达成客户服务策略中设定的客户服务水准，对仓库中入库、存储、保管、订单拣选、出货进行最优化。

RightChain® 的目标就是针对这 5 项物流活动，逐一实现最优化配置。

4

电商物流支持活动的构建方法

客户服务

上一节介绍的物流活动具体如何在电商中展开？下面我们一边梳理它们与电商物流的关系，一边具体分析一下各项活动。

最优化的第一要务是图 2-9 中的第一项“客户服务”的优化。我们必须先制定一个基本目标，为不同特征及偏好的客户提供相应的物流服务；否则，就无法继续后面的其他物流活动。

然而，很多电商企业并没有自己的客户服务策略，或者即使有也是形同虚设，它们大多是根据客户要求随机应变，或者只有一句抽象的口号——“我们为客户提供无微不至的服务”。

“所有客户，次日配送”这样的策略怎么样呢？一旦这样承诺，那么深夜零点之前的订单也不得不于次日完成配送……在设定客户服务策略时，一定不要设定实际上无法实现的目标。

电商中的客户服务策略，是指电商企业向客户提出的针对“运费”“礼品配送”“当日出货截止时间”“工作日（周几、大型节假日）”“订单取消截止期限”“客户无理由退款”等的约定。客户只有对此产生信任之后才会下单。

客户服务策略是物流战略中规范库存管理、采购、运输、仓储等所有环节的起点。如果电商企业不考虑客户的意见需求而任意调整服务水平的话，只会失去客户的信任。

库存管理

为实现第一步设定的客户服务策略，就要根据商品的类型或者客户的类型来设定必要的库存量，即制定库存战略。

谈及库存战略，企业的目标往往是最大程度地压缩包括供应链在内的库存量。然而，真正的目标应该是保证库存和备货既能满足客户服务策略的要求，又能实现供应链财务表现的最优化。其中预测精度的最优化尤为重要。预测精度一旦下降，很快就会引发库存断货或过剩库存。

进行单品营销时，如果拥有的系统能够计算主打商品的生产批次、在途时间，按照库存单位设置阈值（下单时机），且库存数量一旦突破阈值就会发出警报，将会给营销帮上大忙。

长尾营销则一般对畅销商品（大头）和除此以外的商品

（长尾）实行区别管理，对畅销商品在仓库常备库存，对长尾商品则在接单后才向供应商订货，到货后立即配送。

此时，商家可以在网站上标明产品的库存情况。通过对每一个库存单位添加有货（次日发送）或无货（到货后立即发送）的标示，可以避免客户无谓的咨询和投诉。

采购

接着是“采购”的优化。RightChain® 把采购定义为“为满足库存计划所定制的目标，而调配或者获取充足库存的过程”。

就笔者的经验而言，一般电商企业都拥有多家商品供应商，成本也不尽相同。如果供应商无法满足企业客户服务策略及库存战略所要求的到货在途时间以及商品品质要求的话，就应该终止合作，以免对企业的声誉造成不良影响。企业应该定期对供应商进行评估及更换。

此外，如果到货验收得不到供应商的协助，就很难提高作业效率，这一点将在下一章详细阐述。企业评价供应商时，除了商品进货价格外，到货时间的遵守、到货形式的配合度也是重要的评价标准。

运输与配送

就笔者的经验而言，电商企业在运输环节大多仅仅关注成本，但现实情况是，不能只选择价格最便宜的配送商。参照客户服务策略，选择那些虽然成本稍高但是客户评价及形象一流的配送商是明智之选。

虽然事前可以根据商品尺寸、配送地区、配送件数来测算运输成本，但需要注意的是，出货地的不同也会影响配送价格。基本上，将发货地址安排在客户集中的区域附近，能够有效降低成本。例如，关东到关西区域的出货占总出货量的 70% 左右，所以发货仓选在关东和关西之间的话，既能降低配送成本，又可以缩短配送时间，从而提升物流的整体效益。

此外，各个配送供应商都针对廉价、轻薄商品（大小可以投入邮筒）提供投递函件的配送服务。化妆品等的试用装配送时经常选择此项服务。不过，需要注意的是，以函件投递商品时，没有客户确认收货的签章，所以即使客户投诉说没有收到货物，店家也无法提供商品的签收证明。

仓储

仓储是物流战略中需要探讨的最后一项物流活动。

仓储经常被比作足球运动中的守门员。无论是否情愿，这都是防守的最后一道防线，如果不选贤任能的话，只能一败涂地或招致投诉不断。也许，探讨到最后，得出的结论就是把仓储运营外包给第三方物流公司。

电商业务中，按单出货、封箱拣选作业占据了仓储运营成本的一大部分，然而仓库内的入库、储存、保管、拣选、包装等操作却无法各自单独实现合理、高效。要实现客户服务策略的目标，就需要确定好库位和操作顺序。例如，礼物类商品较多的电商企业就有必要设置一条礼物后加工产品线，而对于零库存运营的企业，商品入库验货合格后要立即出货，因此设计货位时必须满足交叉转运的需求。

仓储设计的出发点归根结底仍是客户服务策略，只有坚持这一理念，并同员工共享共识，才有可能在电商业务上取得成功。

5

Scroll的物流支持战略

配送时间不超过 2 周

在本章的结尾部分，我将介绍一下 Scroll 在时装及杂货行业的电商经营实例。

Scroll 的客户服务策略涉及诸多方面，在物流方面，最重要的就是“绝不能让客户等待收货的时间超过 2 周”。

综合目录营销榜一旦出现热销商品时，经常会出现商家没等追加订单的商品到货就库存告罄的情形。如果预计到货日超过了两周，商家会告知客户“缺货”（暂时缺货），而在网上则会标示“没有库存”。

断货率和库存余额都会直接影响商品负责人的绩效评价，因此作为采购员的使命就是维持低库存率和高供货率（降低断货率）。

缺货与剩余库存指标

库存管理为采购员设定了“缺货”和“剩余库存”的数字目标。

所采购商品全部售罄固然最为理想，但把握不准销量的话就无法准确下单，所以关键在于提高“订单预测准确度”。

Scroll 的订单预测方法（见图 2-10）是对早期开展的目录营销（试点目录营销）的订单倾向进行分析，从而预测最终的订单金额。

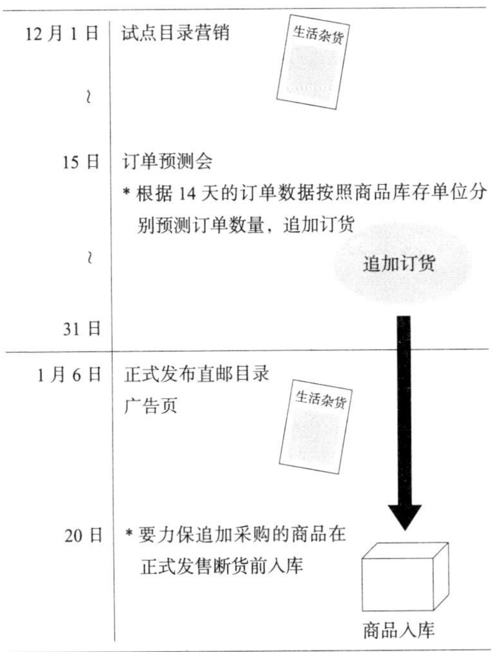

图 2-10　Scroll 的订单预测方法（例子）

目录上刊登的所有商品都有着销售目标，商家在正式销售前一个月会发行试点目录，再根据两周后的订单销售数据分别计算出每一个库存单位下的最终订单数目。

虽然商家可以通过经验推断不同商品尺寸的订单分布数据，但衡量不同商品的颜色、花式的订单分布就不得不借助于试点目录营销的结果。通过上述预测，商品采购员会对畅销商品进行追加采购，并开始讨论如何处理滞销商品（达不到目标销量的商品）。

供应商是合作伙伴

Scroll 的供应商基本上都能理解我们的客户服务策略，有的供应商经过长期合作，已经完全认同并采纳了我们的客户服务策略。

商家每日可以通过电子数据交换（EDI）确认目录刊登商品的销售情况，供应方负责人则根据订单情况追加安排原辅料（见图 2-11）。

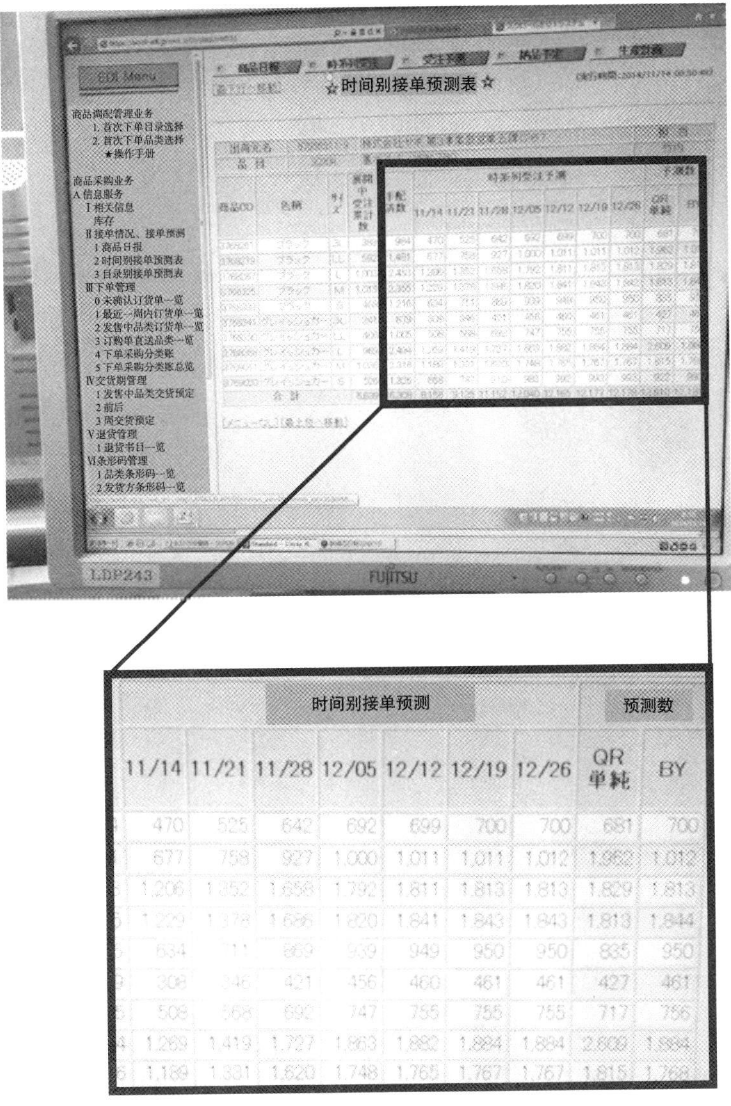

图 2-11 EDI 操作页面实例

有时Scroll会收到供应商打来确认订单数是否合适的电话，这是因为无论供应商还是我们，工作目标都是想要最大程度地为客户减少销售机会方面的损失，降低剩余库存。供应商会将次品率及交货数量误差率共享给我们，在他们的帮助下，我们成功做到了总物流成本的压缩。

我们制定了细致的供应商交货规范，在严格遵守收货计划的同时，还会在商品上粘贴管理贴纸（条形码），并要求所有供应商交货时使用统一的包装箱。

例如，服装商品大多在海外生产，只有在产地通过验针等质检手续后才会通过集装箱发往日本。供应商事前通过EDI掌握了订单预测数量后，就可以提前安排生产，以应对客户的采购订单，满足客户服务策略中“下单后两周以内（发货）”的要求。这样，供应商可以在最小交货次数的范围内避免零散发货。

适应客户需求的配送商组合

Scroll的物流网点位于静冈县浜松市东名高速公路的浜松西入口附近，几乎处于本州岛的中心位置，因此，在全国配送方面，无论是时间上还是成本上，我们都有着得天独厚的区位优势。而在配送商的选择上，我们会综合考虑成本与服务，根据客户需求选择配送商，为客户谋求最佳效益。

此外，提供电商企业第三方物流服务的Scroll360，还会根据客户配送区域的分布来选择不同的配送商，以实现成本最低化。

在标准规格包装箱外粘贴供应链管理系统标签

电商物流业务中的拣选到包装环节很难体现成本的差异，反而是入库验收环节最容易造成成本差距。

就笔者的经验而言，大多中小型电商企业很难获取供应商的配合，而当销售额达到10亿日元规模后，商家面对供应商时的话语权将会大大提升，这刚好是要求供应商配合提高入库验货效率的绝佳时机。

具体而言，商家可以要求供应商交货时将商家发出的订货单和商品同时封装，以订货单为准进行入库验收；或是在订货单上用条形码标记识别号，只要一扫描就可完成入库验收，从而大幅提升作业效率。

Scroll会要求供应商出货时在标准规格包装箱外包装上粘贴供应链管理系统（SCM）标签，这样只须读取标签上的条形码，就能立即获取包装箱内的商品统一编号及数量信息，瞬间完成验收。与此同时，我们也会在包装箱上重新粘贴货位识别码。这样一来，一个包装箱内数十件的商品验收及入库指示就可以瞬间自动完成，入库验收的人工成本接近于零（具体见图2-12）。

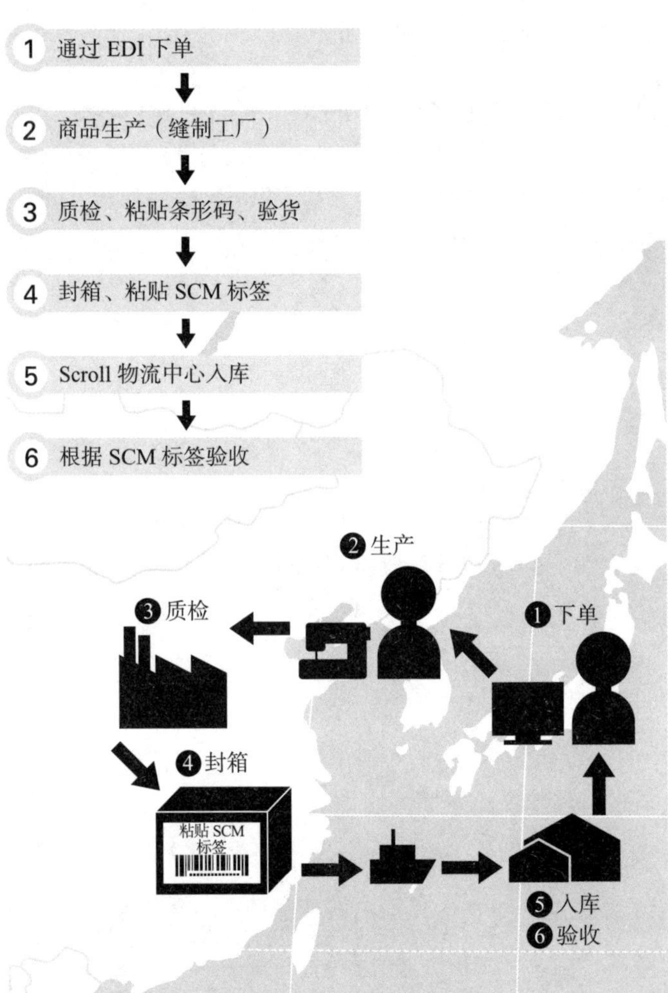

图 2-12　Scroll 的供应链

综上所述，一般来讲，我们首先要确立客户服务策略，再着手库存管理、采购、运输和仓储业务。不过，由于各个公司的销售规模、销售商品以及销售手段各有不同，我们还是建议“具体问题具体分析”，多向经验丰富的第三方物流公司取取经。

小结

- 电商的价值链与一般零售业不同，在包含物流在内的“订单执行”上有着独有的特征。
- 电商中也有“木桶原理”一说，最差的业务评价将直接代表着整体业务评价。
- 为实现物流最优化，可以参考世界标准的物流战略“RightChain®”。
- “RightChain 供应链物流模型”的目标是依次实现 5 项物流活动的最优化。
- 销售规模达到约 10 亿日元时，要求供应商配合提升入库验收效率非常重要。

第3章 现实中的电商仓储物流

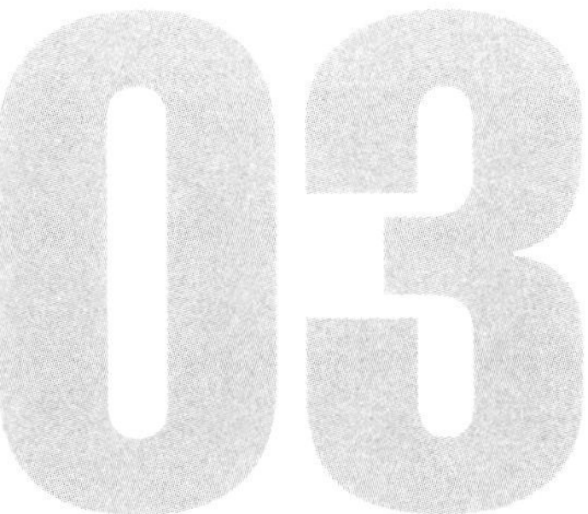

1

电商与物流仓储

物流仓储概要

仓储作业在电商的物流业务中居于核心地位，并可以进一步细分为“收货环节”（商品的收货、验收、入库）与“出货环节”（接单、开具出库单、拣选、打包、快递配送）（见图 3-1）。

收货环节与出货环节虽然存在时间差，但二者无疑始终相互紧密联系，互动协作。而要减少失误，保证业务的顺畅运行，关键就在于总揽全局，对从设备装置到人员配备、操作流程，乃至信息系统等方面都进行一体化的设计与运营。

下面我们来依次看一下仓储业务中设计、运营的具体要点。

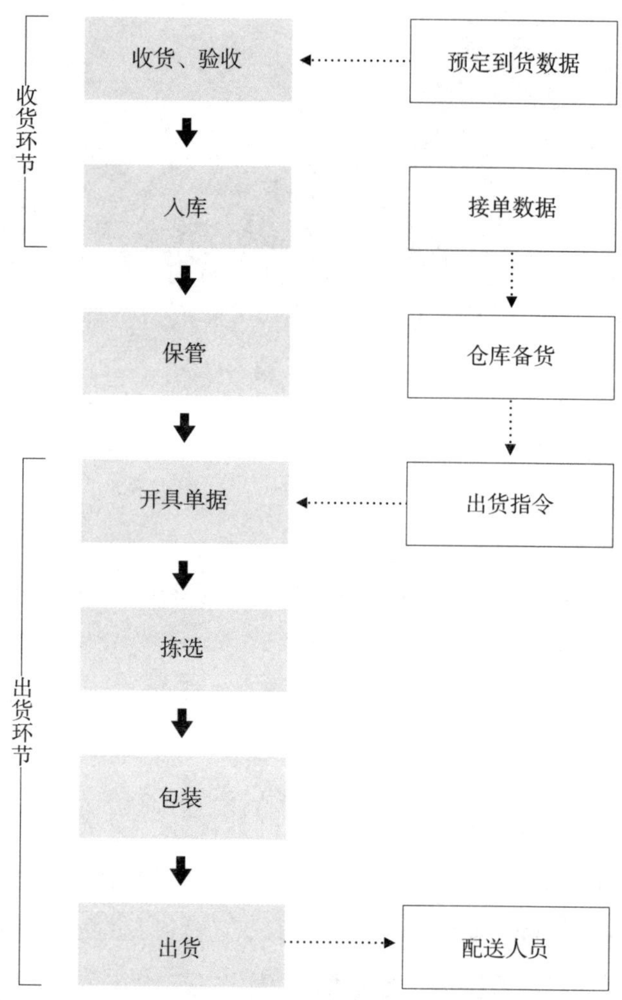

图 3-1　电商仓储业务流程图

2

收货与验收

商品条形码必不可少

当我们根据商品营销企划从厂家或经销商处订购的商品运达仓库时，在收货的同时，应立即对货物内容进行检查“验收”。所谓验收，就是检查商品的种类、数量、破损情况等。

在电商物流业务中，收货和验收环节经常会出现各种各样的问题。

比如，有很多小型商户并未使用JAN编码来管理商品。JAN编码即所谓的“条形码”，正式名称是“日本通用商品编码”（Japanese Article Number，简称JAN）。作为全日本通用的商品编码，JAN编码是商品流通信息系统的重要基础。公司在商品种类及数量都较少时，虽然可以不用JAN编码（使用公司的内部编码），但如果考虑今后的事业发展，还是应该尽早引入JAN编码。尤其当公司采取利基市场营销策略，销售的商品种类数目繁多时，更应早作打算。

此外，当商户如同采购杂货般从多家卖方（厂商或经销商）那里采购商品时，由于卖方在交易中处于优势地位，所以对于商品条形码和交货单商户也自然只能接受卖方提供的版本。如第 1 章所介绍的，公司举办促销会时，如果商品上粘贴着陌生的商品名称、条形码，现场就很容易发生混乱。当公司订单量达到一定规模时，可以要求供应商供货时使用专为本公司定制的商品标签。不过，除非是特别大型的商铺，否则很难要求供应商做到这一点。

我们推荐客户同时使用 JAN 编码和公司内部编码。例如如果公司有 70% 以上的商品使用 JAN 编码，剩下 30% 的商品粘上内部条形码，那么收货和验收环节后的业务就可以全部根据条形码来确认商品，这样就算对非熟练工人来说，他们也能做到准确发货。

公司销售原创产品，在商品种类较少时，也应尽早在外包装上印刷条形码。因为即使是单品营销，随着公司业务的扩张，商品种类和捆绑物也必然会增加，公司终将迎来人力验货再也无法满足物流增长的阶段。

收货时的“验货”与“验收”

有时，“验货”与“验收”两个词在使用上会有区别，所以我们有必要了解其各自在操作中的真正含义。在物流术语辞典中，对两个词的解释大多相同。

我们公司把对商品质量的检验称为“验货”，而把对商品数量的检验称为“验收”。当物流外包商要求“验货”时，我们一定会询问他所说的验货指的到底是检验商品的质量还是数量。

验收（数量检验）有清点件数和清点箱数两种办法。清点件数是指当一个箱子中封装了多件不同商品时，逐一清点不同商品各自的数量；而清点箱数则是指每个箱子中有 10 件或者 20 件固定件数时，不再逐一拆箱清点，而是以箱数为单位进行清点。验收方式的不同直接带来成本的不同，所以我们需要根据商品的交货形式来选取经济、合适的验收方式。

虽然只是验收（数量检验），但当商品外包装上出现瑕疵时，仓库需要通知货主（即电商公司），在由其判断瑕疵是否影响商品销售之后，再行登记入库。

验货（质量检验）则是进一步检验商品的质量、尺寸等具体细节，但对于质量稳定的商品而言，全检会造成操作成本的浪费。此外，一般来讲，供应商有责任在发货前对商品的质量、尺寸进行检验，电商只需抽检即可。电商的职责本就在于对商品质量不合格的供应商进行警告或处罚。

3

入库

货架编号是管理的根本

仓库会安排完成验收（数量检验）的商品入库，并存放在合适的位置。这时，一个最基本的原则就是通过商品编码和货架编号来管理全部商品。

有的电商企业将商品名称及编码当作货架编号使用，他们的负责人经常向我提出“为什么必须要有货架编号”这个问题。

答案其实非常简单，这样做的目的就是要实现：

（1）无论是谁，无需知晓商品名称和条形码即可高效拣选；

（2）货位设计自由度高，货位调整方便，满足高效拣选。

当订单量井喷时，公司会紧急招聘或派遣员工来帮忙应对。这时如果根据商品名称拣选的话，拣选员就不得不先从各个商品的名称及存放位置开始来教授派遣员工。若是刚好碰到了记忆力不好的派遣员工，那就别提有多糟糕了。

此外，如果按照商品条形码顺序安排货位，碰巧遇到畅销产品存放在仓库最里面时，拣选员每天就不得不多次往返于仓库最远的区域来拣选货物。

我们采取的是“自由商品货位”法，即根据商品的畅销程度依次由近到远来调整商品的货位（简称“自由货位”）。

入库同理，我们把入库数量最多的商品货架放置在最近的货位，从而提高入库效率。

在货位规划中，“商品大小”是仅次于“畅销度”的重要参考要素。我们根据宽度、高度、纵深将仓库划分为大、中、小 3 个区域，货架也对应规划为 3 个部分，依次在货架上粘贴条形码，安排商品在相应的区域入库，读取商品及货架条形码，从而完成货架编号的设定。

货架编号要“不走回头路”

货架编号亦有门道，关键就在于提高拣货效率。如果一个货架前后左右都能够拣货时，就可以做到“不走回头路”（见图 3-2）。另外还有重要的一点，即在各货架上标明备货库存仓位（见图 3-3），这样当货架上的商品出清后，就能立刻确定备货商品的位置。

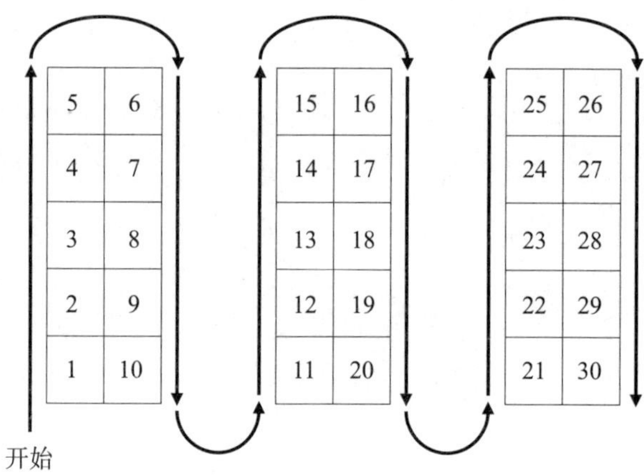

图 3-2 货架编号方法示例（“不走回头路”式设计）

图 3-3 标明备货库存仓位的货架

有的仓库在一层设置了拣选货架，备货库存则存放在二层。仓库共有两处楼梯可以从一层通往二层，于是，仓库就将备货位置距取货楼梯口较近的商品标示为蓝色，较远的商品标示为红色，以进行区分。

这样，即使是新员工或业务繁忙时招募的临时工也都能够高效完成作业。

向仓储外包过渡

入库是仓储外包业务中重要的一环。

在某案例中，一家食品专营店将其物流业务全面外包给我公司，光是搬家就用了 20 多辆 10 吨货车。

当时，我们的专家提前赶往客户的仓库，开展了为期一周的调研。在确认了商品种类、大小和保管情况后，他们对入库方案已是胸有成竹，最终将仓库面积压缩至不到原有面积的一半。

以前，有些客户偌大的货柜里仅存放着两小件商品。我们把商品按大小划分为大、中、小三档，并重新编写了各自的货架号，从而取得了不错的收纳效果。

还有另外一个案例。一家杂货专营店将物流外包给我们之后，光是转移商品就动用了 18 辆 10 吨位的货车。在我们的帮助下，客户不仅实现了将分散于多个仓库的商品集中存储管理的目标，同样也大幅节约了仓储空间。

需要注意的是，在客户现场摸底所有商品的同时，首先要重新整理商品信息表，将每一个商品统一编号细分到每一个货架。商品信息表的整理是物流设计必不可少的一环，也是提升业务效率的重要方法。

明明是相同的商品却有两个编码；明明是一个商品条形码，上面却登记了两种商品；大量已经废弃的商品仍然登记在册……如果仓库出现诸如此类的情况，却还不整理商品信息表，就难以实现后续物流业务的高效运转。

我公司在判断是否可以提供电商外包业务时，首先就是要确认商品信息表的整理情况。

4

生成快递单与商品拣选

高效生成快递单据的技巧

单据开具管理是仓库管理系统的功能之一。

单据按序开具能极大地影响从拣选到包装的作业效率，同时能够有效防止商品错发。

下面我们来列举几个单据开具方面的案例。

（1）一单多货时，根据货架排序自动调整商品顺序。

客户下单后，接单系统向仓库下达出货指令。然而，客户在网上下单时可不知道商品对应的仓库货位。也就是说，虽然客户下单购买了A、B、C、D、E 5种商品，仓库却不可能按照这个顺序存放商品。

这时，系统生成拣选指令时，电脑会自动按照货位编号对订单商品重新排序，以保证拣选员“不走回头路”，以最短的行走路径高效完成拣选。

拣选员行走时会出汗，可计算机运转时并不会出汗。所以编写操作指令的重要原则是缩短拣选行走路径。物流作业设计的基本原则是“不动腿、不动手、不动脑”。

（2）一货多单时，开具总量拣选清单。

假设有 20 张订单均购买了某一件商品，此时如果还像案例（1）一样开具单据的话，拣选员就不得不重复往返 20 次才能完成拣选，这无疑是一种效率极端低下的方法。

这时，我们可将这 20 张订单进行合并，开具一张总量拣选清单，据此一次性完成拣选之后，再按订单分别包装，从而大大提高作业效率。

（3）货多单多，担心错发时，进行扫码验货。

商品种类繁多时，单靠人工确认验货几乎是不可能完成的任务。

这时，准确率最高的方式是扫码验货（又称 POS 验货）。工人只需读取操作指令上的条形码，屏幕上就会自动显示订单中所有的商品明细，之后再分别对商品进行扫码验货，当商品与条形码信息全部一致时，屏幕上会自动显示“OK”（见图 3-4）。

图 3-4 扫码验货按需印刷法的操作台

我们既可以提前打印好单据（发货单和商品清单）附在操作指令后面，也可以验完货后再打印（按需印刷法）。

如果选择提前打印单据的话，除填写单据耗时外，在操作中也有因单据混淆导致商品错发的风险，所以按需印刷法更为准确、可靠。

然而，由于按需印刷法先期投资成本较高，电商企业应在充分考虑自身规模以及当前错发率之后再决定是否引入该种方法。

（4）希望以低成本降低错发率时，选择单据一体化。

客户在无力投资引入按需印刷法，但仍希望尽量降低错发率时，可以选择单据一体化方法。

所谓单据一体化，是指将操作指令、发货单和商品清单整合到一张纸上打印。这样既可以节省填单时间，也可以避免单据填错和混淆。一般情况下，多数物流外包公司都是采取这种办法。

按单拣选与批量拣选

商品拣选作业大致可分为按单拣选与批量拣选两类。

按单拣选，就是针对每一张订单进行拣选，通过一站式拣选来配齐单张订单里所有的商品。

批量拣选则是将多张订单整合在一起后再拣选，而这些集合在一起的订单就被称为“批量”。

例如，当商品种类繁多时，货柜数量随之增多，拣选员需要来回拣货的距离也随之延长。为完成一张订单的拣选，拣选员不得不从货柜的一端迂回走至另一端，效率之低下可想而知。如果选择批量拣选的方式，通过仓库管理系统将多张订单整合后分批拣选，再按订单分别包装的话，就可以有效提高作业效率。

单品营销的操作流程

批量拣选不仅适用于商品种类繁多的情形，也同样适用于商品种类较少、无需入库的交易模式。保健品和化妆品因其商品种类有限，分拣时无需逐个前去货柜拣选，所以我们将这种销售模式称作单品销售或重复销售。进行单品销售时，我们通过仓库管理系统将订货数量相同的订单整合后备货，并根据订单进行定量的拣选包装。

假设我们从工厂采购的某商品包装规格为每箱 12 件 ×4 层，共 48 件商品。因为打折优惠，很多客户一单订购了两件。此时，我们将所有订购两件的客户按顺序分为 24 组，只需一名工人就可开具所有的操作指令、发货单及商品清单。之后，工人再根据指令在操作台上按两个一组掏箱，连同送货单和商品明细，乃至问候卡片一同打包到发货箱中。

这样，操作台上一边是48件商品，一边是已经分配好的24份商品清单、送货单、操作指令和捆绑物等。当我们将这24份订单商品全部封箱之后，整个操作台随即一扫而空。倘若此时操作台上遗留了一件商品，便能立刻知道有件商品漏装了。这时，只要检查一下这24个发货箱即可轻易锁定漏装的订单。由此，只要工人按每组24份来接收货物，无需扫码也能保证准确出货。

此法同样适用于冷冻商品的拣选。冷库室温低于零下20度时，工人无法长时间进行拣选作业。因此，我们可以在划分订单数量后批量拣选，在冷库外验收打包后回库存放，接着再拣选下一批……这样的重复作业在保证精准出库的同时，也使工人免于挨冻，避免商品融化。

对拣货方式的探讨

选择拣货方式时，一定要详细探讨以下要素，之后再选定最适合的方法，绝不能抱有“依样画葫芦”的天真想法。

（1）商品种类。

（2）每单订货数量。

（3）日均出货量。

（4）重复营销型还是长尾营销型。

5

装箱

单据错开

商品完成拣选后会被装入发货专用的箱子或袋子里，除了发货单和账单之外，也会捆绑附送一些商品目录和问候信等宣传资料。单品营销（重复营销）通常会为不同的客户准备不同的捆绑物，这也是包装作业的目的之一。

包装作业的操作流程要求在接到操作指令的同时，就要将商品清单一同封装，并在箱子上粘贴好送货单。

然而，有时会出现送货单和操作指令、商品明细不匹配的情况。例如，若是将单据从上到下按序摆放，按张拿取的话，一旦订单繁多时，工人就有可能错拿了两份操作指令和商品清单却丝毫没有察觉，之后仍然按张数依次包装，最后导致后面的单据全部跟着错位。此外，如果依靠人工来观察客户姓名和住址并进行包装的话，碰到两个同姓的客户接连出现时，工人就会很容易发生误判。

为了防止这样的失误，应对所有单据进行编号，并对操作指令、商品清单和送货单全部采取相同编号，以编号来匹配。

风险管理与“5S”

包装作业的另一重要功能在于防止商品混入异物。假如仓库内部作业使用的铅笔或刀片混入了发货箱里，可能会引起严重的客户投诉。

Scroll 严格贯彻“5S”管理制度，以杜绝此类现象的发生。所谓“5S”，即“整理”“整顿”“清洁”“清扫”和“素养”，工作人员要经常对仓库进行整理、整顿及彻底清扫，以维持清洁的仓库环境。

具体而言，我们要求仓库执行下述规定：

（1）严禁携带私人物品进入操作间；

（2）严格管理铅笔、刀具等操作工具；

（3）严防头发混入（操作员必须佩戴头套）；

（4）单据按套存放（操作指令、交货单、送货单统一编号备用）；

（5）严格执行传达室出入限制与登记制度。

如此一来，即使在订单数量激增，仓库临时增加派遣员工或临时工时，也能够平稳交接，减少操作失误。

我们只要在仓库作业结束后检查一下是否进行了整理和整顿，就会立刻明白，只有极少数仓库能把整理和整顿的理念灌输到全体操作员的头脑中去。

仓库的所有物品是否回归原位？垃圾箱是否已经清理干净？仓库管理者能否一眼确认仓库情况？

如果对仓库实行了整理、整顿，一旦发生异常就能够马上发现。但如果在一片混乱的状态下草草结束操作，那么即使操作台上只遗落下一件货物，也会令人难以察觉。

整理、整顿就是为了发现异常情况，只有彻底实行整理、整顿，才能提升物流品质。

接下来我想再谈谈对“素养”的一些看法。

物流作业最终的落脚点在于人，只有在日常反复向全体员工强调整理、整顿的重要性，他们才会逐渐认真落实这项工作。即使是在物流一线，员工培训也是一个非常重要的课题。

我们一个合作仓库的负责人经常告诉他的员工，要做到“感恩上一道工序，顾念下一道工序”。

如果在商品入库时操作人员能考虑到下一道拣选环节，小心摆放商品的话，拣选员就会轻松许多。拣选员在将完成拣选的商品装入输送带进行流动验货时，如果小心堆放的话，验货员也会轻松许多。物流的成功就是靠现场各个环节的紧密连接，因此哪怕是对一点一滴的小事，只要心存这种“感恩与顾念”的团队协作精神，就能够实现物流操作的高效和可靠。

相反，那些商品摆放混乱，放置位置难寻，备货也四处乱堆的仓库，总是错误百出，效率低下。

物流就是“物”的流通，是操作现场各个业务环节的紧密结合，本应做到一目了然，品质管理也应简单易行才对。

6

发货

快递服务商的选择

我公司收集了不同地区、不同商品型号的物流数据，针对快递费用进行仿真实验，以此测算出不同快递服务商的配送成本。

例如，对于面向女性消费者的化妆品和保健食品，最好选用服务质量优良的快递商，而对于面向男性消费者的商品，不妨选择较为经济的快递商。有的快递商时效性强，有的快递商则对迁居的客户也有着很高的直投广告送达率。

根据木桶原理，选择承担物流最后环节配送的快递商非常重要，连同快递费用的涨价问题，电商对这些都需要进行经常性的研讨。

表 3-1 为日本各大快递商服务水准对比表。

表 3-1 各大快递商服务水准对比表

	网点数	可承接重量	指定到货日范围	指定到货时间	无人签收处理	再次配送
日本邮政	约 24 000 个邮局	30 千克以下	预定日起 10 日内	上午 12~14 点 14~16 点 16~18 点 18~20 点 20~21 点	• 送达日次日起保管 7 天 • 联络货主后继续保管 3 天（通常预付件和到付件均保管 10 天） • 如收货方提前呈报则最长可保管 30 天	• 18~19 点间联络时，则 21 点可送达（邮局不同略有差异*） • 支持网络申请二次配送 • 不提供配送司机电话 • 个别邮件二次配送受理时间截至 15 点
雅玛多运输	6 330 家门店	25 千克以下		上午 12~14 点 14~16 点 16~18 点 18~20 点 20~21 点	• 保管 7 天 • 收货方提出申请则可延长 3 天保管时间 • 到付件仅保管 7 天*	• 19 点 40 分之前联络则当日 21 点可以送达 • 支持电话、网络（仅限黑猫会员）申请二次配送 • 提供配送司机电话 • 三家中二次配送受理时限最长

（续表）

	网点数	可承接重量	指定到货日范围	指定到货时间	无人签收处理	再次配送
佐川急便	440家门店	50千克以下	揽货后一周内	上午 12~14点 14~16点 16~18点 18~20点 19~20点 18~21点 夜间可任意选择以上时段	• 保管7天 • 收货方提出申请保管时间可延长10天 • 到付件仅保管7天*	• 18点之前联络则当日21点可以送达，支持网络申请二次配送 • 提供配送司机电话

* 图表数据采集时点为2014年3月

（续表）

运单追踪	配送用时（※ 滨松出货）	转运服务	损害赔偿标准
https://trackings.post.japanpost.jp/services/srv/search/input	2 天以上：冲绳 2 天：北海道 1 天：其他地区	需向邮局提交转运申请单 简单填写即可。（转运申请单的渗透率较高）	最高赔偿金额：30 万日元 ※（手续费 360 日元）申请保价后原则上至多赔偿 50 万日元
http://toi.kuronekoyamato.co.jp/cgi-bin/tneko	3 天以上： 北海道、冲绳 2 天： 青森、山形、秋田、岩手、宫城、冈山、广岛、鸟取、岛根、山口、德岛、香川、爱媛、高知、福冈、大分、长崎、佐贺、熊本、宫崎、鹿儿岛 1 天：其他地区	登录黑猫会员，可以免费申请转运服务 虽可以转运，但服务渗透率较低	最高赔偿金额：30 万日元
http://k2k.sagawa-exp.co.jp/p/sagawa/wed/okurijoinput.jsp	3 天以上： 北海道、冲绳 2 天： 青森、山形、秋田、岩手、宫城、福岛、冈山、广岛、鸟取、岛根、山口、德岛、香川、爱媛、高知、福冈、大分、长崎、佐贺、熊本、宫崎、鹿儿岛 1 天：其他地区	不可以转运	最高赔偿金额：30 万日元

7

不同商品类别的仓储注意事项

在本章的结尾部分，我们整理下不同商品类别的仓储注意事项。

保健食品和化妆品

经营保健食品的电商企业一般都很重视客户的回购率。

企业在配送商品时，往往会搭配上宣传册、问候卡、打折券等丰富多样的捆绑物来促销。因此，我们必须把控捆绑物的搭配，确保准确无误。

捆绑物种类较少时，我们可以将其划分为不同的批次，然后按批次集中操作，以防混入其他种类的捆绑物。

不过，当捆绑物种类增多时，划分的批次也随之增多，而每一批次下的件数就会减少，这会影响操作效率。我们有个客户，是一家销售规模达百亿日元的保健食品销售公司，其捆绑物种类多达百种，因而作业效率低下。

针对这种情况，在对同一捆绑物进行作业时可规定一个最小批次量，其余的再分别拣选，以提高作业效率。

对于保健食品和化妆品而言，温度管理和库存容量都是很重要的仓储条件。

温度管理直接关系到产品质量，所以仓库必须要配有恒温冷库设备，以保证即使是在盛夏时节，仓库内也能维持恒定的温度。

尽管保健食品和化妆品的单件体积并不大，但它们都是大批量生产的产品，经常会有大量入库的情况，因此托盘式货架必不可少。

我们建议选择高效的托盘式货架，这种托盘一般能够存储3~4层货物。此外，也可以选用存储容量2倍于托盘的电动移动式货架。

随着库存量的增长，能够实现商品先进先出管理的仓库管理系统的必要性也愈发凸显。

图3-5为存放托盘的移动仓库。

各个货柜可实现电动移动，只需在想要存取物品的货柜之间扩展出作业通道，满足叉车作业即可

图 3-5　存放托盘的移动仓库

服装

服装类商品（算上款式、尺码）的商品种类和商品统一编号数目并不在少数。因此，在服装类商品的仓储业务中，最好确认一下商品入库时外包装上能否粘贴商品标签（最好是条形码）。

单靠人工难以根据商品统一编号来辨别服装是“S、M还是L号”“黑色还是藏蓝”“七分裤抑或短裤”，若是对外观难以识别的商品都要打开包装袋寻找标签确认的话，入库效率会大打折扣。所以，我们订货时一定要要求供应商在外包装（塑料袋）上粘贴商品标签。

另外，实体店销售需要把商品从包装袋中取出进行展示，因此实体店和电商共用一个货仓时，要优先考虑出货量大的渠道，选择适当的仓库管理方法。

食品

食品仓储有3点关键：仓库卫生、温度管理和保质期管理。

（1）仓库卫生。

操作前必须洗手自不必说，设置风淋通道，甚至拥有食品加工许可的仓库都可谓理想之选。

（2）温度管理。

食品仓库必须具备常温、恒温、冷藏、冷冻等温度管理功能。

常温库用于存放对储藏温度没有特殊要求的食品，恒温库虽不是冷藏库，却适用于在不同季节都需恒温储藏的食品。

对于葡萄酒而言，红白葡萄酒的最佳储藏温度之间有着微妙的差异。白葡萄酒的最佳储藏温度是10℃，红葡萄酒则是15℃。一般来讲，仓库对其分开存储较为困难，所以二者均在13℃下保存即可。

现实中，有些电商标榜自己以最佳储藏温度保存葡萄酒，其实大多是依靠空调调节温度。空调的制冷范围有限，又如何满足所谓的"最佳储藏温度"呢？

不同的冷冻商品其最佳储藏温度也不尽相同，因此仓库需要配备相应设备，分库房设定不同的温度带。

（3）保质期管理。

保质期管理的实质就是出货期限管理，即在商品入库时就登记好保质期限和出货期限，设定商品在临期前多少天能够出货。保质期管理既可以依赖仓库管理系统来实现，也可以通过货架标示的方式来实现。

选择仓库管理系统管理保质期时，系统会在商品入库的同时按批次登记保质期，按照“先进先出”的原则安排备货，如此一来，即使是同一商品也会被分别在不同位置储藏，这客观上增加了对仓库面积的需求。

而货架标示的方法则是将保质期不同的相同商品放在同一个货架上，这虽然不会增加仓库面积，但是在拣选时就要特别注意，所以选用这种方法的前提是要有熟练的操作工人。

订单中同一种商品保质期却不同最容易引起客户投诉，因此不管采取以上哪种方法，我们都必须遵循“先进先出”的原则，安排相同保质期的商品出库。我们将这种做法称作“一刀切”。

图 3-6 为贴有保质期标签的货架。

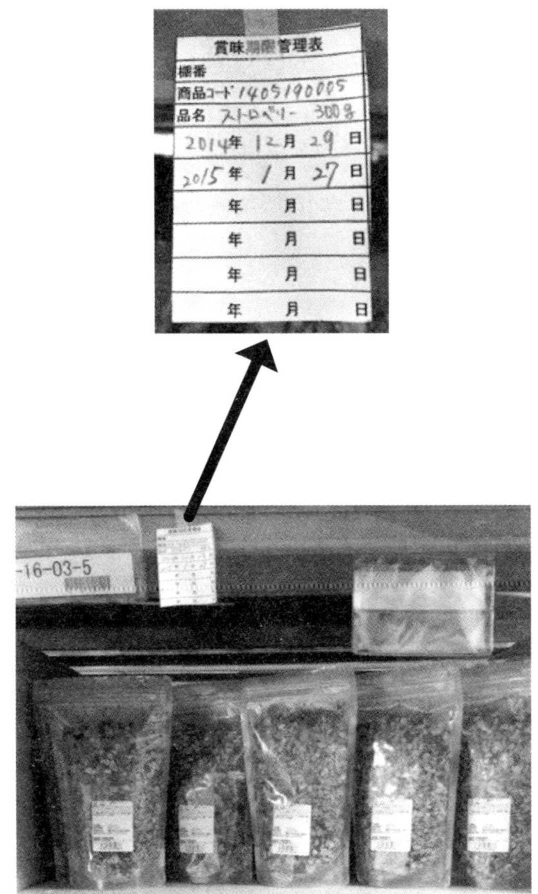

图 3-6 贴有保质期标签的货架

杂货

杂货类商品的编号数量非常庞大，因此必须采取扫码验货的方式。同时，杂货类商品往往大小不一，因此对货架和货位进行分区设计时，尤为重要的一点就是要参照各类商品的尺寸大小。

我们公司对货架分区用的瓦楞纸尺寸进行了精密计算，根据不同商品大小设计划分货位，从而大幅提升了仓库利用率。

此外，由于礼品订单数量较多，还应配备熟悉礼品包装和礼签制作的操作工人（见图 3-7）。

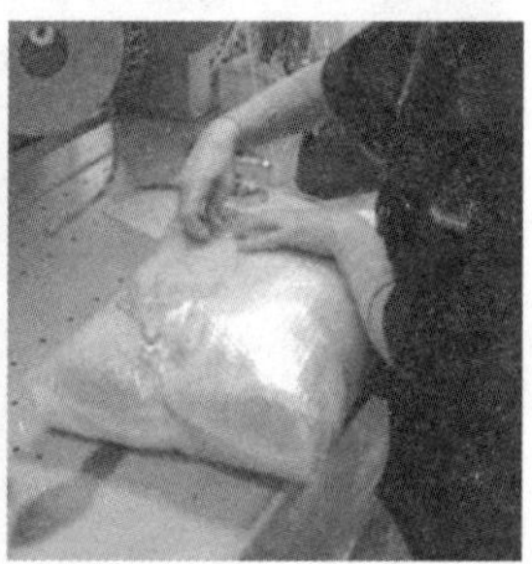

图 3-7　礼品配送

杂货类商品在入库验收时，不同仓库之间的效率可能有着天壤之别。大多数仓库会直接采用供应商提供的入库数据，但毫不夸张地说，电商能否协同物流外包商，对供应商进行全面的入库指导，这些做法直接决定物流质量的高低。

公司在创业初期，就应根据不同的商业模式及商品特性对物流进行精心布局。

小结

- 电商物流中，仓储流程可分为“入库环节”和“出库环节”。
- 在“入库环节”中容易出现验收问题。入库的重点在于考虑后续拣选的便利性。
- 仓库管理系统是物流业务能否做到正确、高效的关键。
- 物流业务的风险管理中，5S 的贯彻执行必不可少。
- 不同类别的商品，其物流特征也不尽相同。为经营商品选取适合的仓储方式十分重要。

第4章

通过物流关键绩效指标实现经营可视化

04

1

人气店铺为何突然倒闭

原因在于销量至上

在大型电商平台上经常被热搜的人气店铺有时会突然倒闭或者被兼并重组。究其原因，多数是因为对经营数据的管理不够完善（尤其是一些公司只重视销量，却没有真正了解公司的盈亏情况）。有的公司平时在宣传方面投入大量资金，等到订单突然增多时却无法应对，导致公司业务无法正常进行，信用扫地，订单锐减，进而造成资金短缺。

特别是一些处于培育期，年销售额在 5 000 万到 1 亿日元之间的店铺，如果在这一阶段没有打好经营基础的话，很难实现进一步发展。

一些店铺在从成长期（年销售额 1 亿 ~5 亿日元）过渡到稳定期（年销售额 5 亿 ~10 亿日元）时，由于发展方向不明确，仅仅追求销售额，也可能会走下坡路，可谓“昙花一现”的人气店铺。

公司若不想落得如此下场，必须要以长期发展为目标，利用物流外包来满足销量增长的需求，进而达到改善和强化经营体系的目的。

消费者在公司网站上购物经常会取消订单和退货，而电商平台的宣传费用往往在两个月之后才会开始结算，因此，囫囵吞枣似地将电商平台和公司网站上的订单金额通通算作销售额，这是一件非常危险的事情。

将当月的准确销售数据（除去取消订单和退货的部分）减去电商平台的宣传费和促销费，才能得出正确的盈亏数据。所以，我们必须充分认识到月度结算的重要性。

以此为起点，电商经营迈出了坚实的第一步。

物流 KPI 改善经营状况

电商企业不同于一般零售行业主要的特征在于重视“订单执行”。因此，电商企业需要针对不同的商品种类和商业模式，在物流作业流程方面多下工夫。这也就意味着电商经营的许多秘诀都隐含在物流中。充分利用物流过程中的各种数据和数值，能够推进电商事业的进步，同时达到强化经营体系的目的。

例如，从供应商那里进货会增加库存，同时会增加应付账款，这样库存就会被计入资产负债表中的资产项。相反如果出货就会减少库存，增加应收账款。由于电商销售数据的收集、分析较为简单，因此电商可以轻松地把握库存的周转率、成本率，进行商品的 ABC 分析等。

我公司也会为受托客户提供各种数据。企业通过这些数据，不仅可以了解有哪些商品畅销，还能够轻松地了解哪些商品为企业贡献了利润，哪些商品滞销，企业在业界处于怎样的水准。

我们将这些数据称为“物流 KPI”（物流关键绩效指标）。除了向每个客户发送商品的库存数据之外，我们还会比较物流仓库内的同种商品和相近的物流业务。

例如，某店铺在拣选时，一般操作员平均每小时能够处理 10 份订单，但是另外一个经营类似产品的店铺却只能处理 5 份。由此可以看出该店铺存在一定问题，这就是改善经营的关键所在。

物流 KPI 不仅可以被用于库存管理，在商品发货和库存处理等各个方面也能发挥应有的作用。而要想了解经营状况，首先就要了解物流现场的情况。

越是出色的企业家，就会越频繁地出入仓库，目的就是为了确认自己公司的库存状况。

我们可以通过电脑屏幕看到商品还有 50 件库存。但是，只有真正亲临现场，才能真正了解库存的状况以及占用的空间。对经营者来说，这是一个重新思考最佳库存量，改善库存管理方法的绝佳契机。

因此，希望大家能将物流现场作为一个综合所有客户信息（发货数据）、出售货品（商品和实物）的重要平台。

2

代表性的物流KPI

要准确把握库存数量，月度结算必不可少。大量的数据隐含在仓库的库存管理和出货流程中，这对经营决策能够起到一定的参考作用。研究物流阶段的数据，可以防止出现热销产品断货，并对滞销产品及早进行打折处理。

以下介绍一些代表性的物流 KPI 指标。

剩余库存率＝[100－（月初库存数－月末库存数）÷月初库存数]×100%

剩余库存率这个数值越低说明库存减少速度相对越慢，库存流动性差。根据剩余库存率由低到高排列的产品名单，我们能够尽早发现需要及时减价处理或转卖的商品。

滞销产品越多，仓库费用就越高，同时会影响销售额。这样一来，会直接导致 ROA 的下降。

我公司会根据剩余库存率向客户提供“滞留商品清单”。

特别是过去3个月内滞销产品的清单，这对于对不良库存的了解和处理具有一定的作用。

例如，表4-1通过对比前三个月和近三个月中滞销商品的品种数和产品数，形成了KPI数据。

表4-1 积压库存的变化（过去三个月无变动商品统计表）

库存数量	前三个月（8/1–11/30）		近三个月（9/1–12/31）		剩余库存率	
	品种数	产品数	品种数	产品数	品种数	产品数
100～	4	590	1	123	25%	21%
50～100	8	565	4	280	50%	50%
10～50	228	5 039	120	3 478	53%	69%
不足10	722	2 277	0	0	0%	0%
合计	962	8 471	125	3 881	13%	46%

通过表4-1我们可以看出，与前三个月相比，近三个月的不良库存有了大幅度的减少。从前三个月的滞销库存清单（见表4-2）中可以看出，原因在于打折销售。留意并尽早发现不良库存，掌握不良库存的增减情况，及早采取措施，这样才能有效改善资产负债表的平衡情况。

表 4-2　滞销库存清单

商品编码	商品名称	库存数	有无保质期
100012	自然牙刷	160	无
100008	白熊洗发水	154	无
100006	昆布茶	107	有
100014	蓝色手镯	107	无
100017	美白面霜	88	无
100018	粉色手镯	87	无
100002	清凉印花手帕	84	无
100004	奇迹冰激凌	80	无
100009	乌龙茶	74	有
100011	黄色手镯	71	无
100001	蜗牛精华洗发水	66	无
	……		
	……		

滞销库存的仓储费用

一些电商负责人经常会有这样一些问题，他们要么不能理解滞销库存会增加仓储费用，要么能够理解，却由于看不到具体的数值，常常忽略这一点。

用现阶段的仓储费用除以月末的商品总数，就可以得出单个商品的仓储费用。滞销库存的仓储费用是由单个商品的仓储费用乘以滞销的天数和数量计算而得。表 4-3 是某企业根据滞销天数和数量计算出的数据。

表 4-3 以单一商品仓储费用为例

商品名称	最终发货日	滞销天数	现有库存	仓储费用
A	2013/11/13	330	30	23 760
B	2013/10/15	359	30	25 848
C	2014/6/16	115	20	5 520
D	2013/10/25	349	20	16 752
E	2014/5/2	160	17	6 528
F	2014/4/18	174	14	5 846
G	2014/6/27	104	13	3 245
H	2014/5/30	132	11	3 485
I	2014/6/16	115	10	2 760
J	2014/5/19	143	10	3 432
单一商品仓储费用			2.4	

表 4-3 中单一商品每日的仓储费用 2.4 日元是用该企业 2014 年 9 月末的仓储费用除以库存数再除以 30 天得出的。也就是说，商品每在仓库放置一天就会产生 2.4 日元的费用。

用滞销天数和现有库存数乘以 2.4 日元，就能得出不同商品类别的仓储费用。该企业的 A 类商品自 2013 年 11 月起就没有发货记录（没有销售），在仓库滞销 330 天，仓储费用共计 23 760 日元。希望经营者能够意识到，如果出现长期滞销的商品，即使只有 30 件，也会产生不小的成本。

第 5 章中将要介绍的小岛屋，是一家专卖坚果和干果类产品的店铺。虽然这家店有 300 种商品都有保质期，却都能在一个月内实现库存的周转，从来没有出现过期处理的情况。

如果只执着于商品销售，忽视商品库存，就会导致企业经营状况的恶化。希望各位对此能够铭记于心。

单品发货物流成本＝（仓储费＋配送费＋材料费）÷发货数量

单品发货物流成本是由各种业务所需的仓储费加上配送费（快递费）和材料费（纸箱和减震材料）除以发货数量得出的。该数据对于准确掌握物流成本具有非常重要的作用。

当发现单品发货物流成本增加时，需要搞清成本增加的原因——是因为流程费用的增加还是配送费的增加，抑或是因为业务管理成本的增加。根据各自原因的不同，优化成本的解决方案也各有不同。

有的企业通过改变商品策略带动了销量上涨，这虽然值得高兴，然而由于所售商品是大型商品，导致相应物流成本的增加，这样一来，商品利润并没有得到相应的增加。

图 4-1 以月份为单位，记录了物流成本中各项费用明细的变化。5 月份由于流程费和配送费的增加，导致物流成本飙升。

进一步分析流程费用明细，可以看出进货、入库的成本明显增加。若我们假设 5 月份进货、发货的商品导致了物流效率的低下，那么我们只要分析 5 月份增加了哪些商品的进货、出货，就能找到成本增加的根源所在。

在这个案例中，由于大型商品的进货量增加，均码商品的配送比率上升，导致成本增加。另外流程费用中的进货、入库成本也随之相应增加。

不过，从数据上我们可以看出，由于大型商品的利润部分超过了物流成本增加的部分，因此从经营上看，是不存在问题的。

	物流成本（日元）	件数（件）	单品发货成本（日元）				
			业务及保管	流程费	配送费	材料费	总计
4 月	3 495 000	5 000	94	227	357	21	699
5 月	4 530 000	6 000	96	❷ 242	397	20	❶ 755
6 月	2 812 000	4 000	94	232	358	19	703
7 月	…	…	…	…	…	…	…

	流程费用明细（日元）				
	进货、入库	拣选	打包	单据及其他	总计
4 月	37	28	108	54	227
5 月	❸ 48	29	110	55	242
6 月	36	28	115	53	232
7 月	…	…	…	…	…

图 4-1　物流成本中各项费用明细的变化（以月份为单位）

不同区域的发货量占比＝不同区域的商品发货数 ÷ 总发货数

在电商物流成本中，配送费占一半左右。因此，我们需要通过不同区域的商品发货数量来衡量这一指标。

虽然之前有的配送公司实行“全日本一律 1 000 日元”的价格策略，但是目前大多数公司都开始按照区域进行重新定价。因此要计算出准确的配送费，弄清不同区域不同型号的商品发货数是非常必要的。

按照一般经验来说，电商企业的区域发货量占比与日本人口区域分布率基本相同。有时，大城市圈的发货量占比略高于人口分布率。

但需要注意的是，受 B2B 和实体店分布区域的影响，也会存在电商区域发货占比与人口分布率不一致的情况。表 4-4 为日本不同区域的人口比例。

此外，为了全面覆盖各配送区域，一些电商企业将配送范围扩大到北海道和九州，导致配送成本大幅上升。在这种情况下，企业需要根据不同区域以及不同型号商品的发货件数，预先将部分商品转移到关东和关西之间的物流公司，通过发货地的变更实现降低配送成本的目的。

表 4-4　日本不同区域的人口比例

地区	占总人口比例
北海道	4%
东北地区	7%
北陆越信地区	7%
四国地区	9%
关东地区	34%
东海地区	4%
关西地区	16%
九州冲绳地区	11%

资料来源：总务省“根据居民基本登记表统计出的人口数、人口动向以及家庭数”（截至 2013 年 3 月 31 日）

缺货率＝缺货金额 ÷ 订单金额

退货率＝退货金额 ÷ 订单金额

在第 1 章中，我们提到过，商场中实体店铺中小经营者经常会碰到商场的订单金额反映在下个月销售额中的情况，而电商企业由于经常会出现缺货和退货的情况，因此实际销售额往往低于订单金额。

此外，服装类商品，特别是西服裤装的退货率非常高。因此，需要事先将这种情况考虑到销售计划之中，以免出现不利情况。

根据 Scroll 的销售经验，服装类商品的平均退货率在 10% 左右。牛仔裤和西服的退货率相对较高，T 恤和运动服相对较低。当退货率上升时，找出原因并采取对策，要比持续追踪数据变化有效得多。

用缺货金额和退货金额除以每月的订单金额得出的就是缺货率和退货率。

每单发货数量＝发货总数 ÷ 订单数

每单发货数量是衡量物流工作效率的必要指标。一般来讲，单一订单的件数越多，拣选的效率越低。

表 4-5 是通过我公司发货的电商企业的数据。同样是保健食品，B2C 和 B2B 在单一订单的件数上有很大的差别。家庭杂货类商品也是如此。

表 4-5　不同类别每单发货数量（件）

		5月	6月	7月	8月
B2C	A 公司健康食品	2.0	1.9	2.1	1.8
	B 公司家庭杂货	2.3	2.2	2.2	2.2
	C 公司体育用品	2.2	2.2	2.3	2.3
	D 公司儿童服装	2.8	2.6	2.8	3.0
	E 公司高级手表	1.1	1.0	1.1	1.1

（续表）

		5月	6月	7月	8月
B2B	F公司健康食品	6.2	5.5	6.8	6.5
	G公司家庭杂货	8.0	5.5	7.8	7.5

对于电商经营者来说，单一订单的商品件数越多，利润越大。因此，通过交叉销售和促销宣传增加订单件数是非常有必要的。

3

利用物流KPI改善经营的方法

从制作盈亏表入手

企业应灵活利用物流 KPI 改善经营状况。

首先，个体经营者开立店铺时，需要一切从零开始，期间最重要的课题是采购商品和确定销售计划和目标。此外，网站的建立、搜索引擎的优化（SEO）① 和各种促销活动也要花费不少的时间。因此，经营者很容易忽略对盈亏情况的管理。

电商平台会举办一些促销活动，店铺想要参加的话，就需要缴纳一定的促销费用。这样一来，在活动期间，即使店铺的销量增加了，也难免陷入赤字的困境。

只有每日检查库存数量，进行日常盈亏管理，才能制作出

① SEO 是由 Search Engine Optimization 缩写而来，是指通过对网站内部进行调整优化及站外优化，使网站满足搜索引擎的收录排名要求，目的是在搜索引擎中提高关键词排名。

包括销售额、成本率、促销费率在内的盈亏表。如果能够进一步把握好现金流情况，就能突破性地实现经营的稳定。

攻守平衡

在掌握了日常经营中的盈亏和现金流情况之后，接下来应该制作资产负债表。

在追求销售额和利润时，为了争取尽可能多的订单数量，会积累大量的库存，其中也不乏不良库存，这样一来就会导致ROA下降。因此，需要经常对照资产负债表进行资产（库存）、负债和资本（包括利润）的平衡。

此外，还应通过库存周转率、在库滞销天数等指标，判断滞销产品并及早进行处理。相反，关注在库准备率和失效订单率等指标，可避免出现库存脱销的情况。

通过 ABC 分析更新产品

杂货类店铺的商品种类繁多，这种店铺虽然往往以主打商品为销售主力，但要实现店铺的发展，也必须要有季节性商品和热销商品。

在这种情况下，我们需要特别重视从下单到发货的交货期。我们可以通过对热销商品的 ABC 分析进行商品的更换，只要 30% 的人气商品不出现缺货，剩余的 70% 能够尽快发货，销量就一定能够上升。

从某种程度上来说，这种情况虽然会导致库存量增加，但是如果顾客回头率上升，店铺就会进入一个销量增加的良性循环。

小结

- 在经营管理上如果只看销量，人气店铺也可能轻易倒闭。
- 经常观察物流 KPI，尽早发现问题，才能改善经营状况。
- 物流 KPI 各有不同，需要与不同的商品和经营模式相适应。

第5章 物流增值的成功案例

1

物流外包后加强宣传，4年实现销量翻番

电商在销售中，通过物流增值会给自身带来巨大利益。在本章中我们会介绍一些成功案例。

小岛屋从“贝柱热”起家

“小岛屋”的总店位于上野的阿美横丁，是一家有着 60 年历史的老字号批发商，最初经营各种海味和花生，现在主营干果和坚果。第三代店主小岛靖久先生在 2004 年开始进军电商市场。

“进军电商市场最初是因为来店的客人和销售额逐渐减少。要设立新的店铺需要巨额的资金，想拓展新的客户，也没有人把我们这样的小批发商放在眼里。经过各种考虑之后，决定从

电商市场上谋求新的商机。”

当时，健康类电视节目中报道了“贝柱对肝脏健康大有好处”的新闻，引发了大家对贝柱的狂热。抱着第一次试试看的心理，小岛屋相对谨慎地选择了在两个月之后才在乐天市场上开设网店。但是即便如此，仍然接到了大量订单，顺利走上了正轨。

“之后的3~4年间销售额一直在不断上升。期间还导入了接单系统，并且在雅虎和亚马逊开设了新网店。此外，我们还设立了自己的网站，2013年在ponpare网上也开设了自己的店铺。”

图5-1是小岛屋的网站。

店铺名称：干果和坚果专营店阿美横丁小岛屋
店铺业主：株式会社小岛屋
店铺负责人：小岛靖久
地址：东京都台东区上野 6 丁目 4-8，邮编 110-0005
电话：03-5817-4828
邮箱：ameyoko.kojimaya@tcn-catv.ne.jp
主页：http://www.kojima-ya.com

图 5-1 小岛屋的网站

在壮大过程中决定外包物流

在刚开始进军电商市场时，小岛屋一天最多发货 50 件，一个月差不多 1 000 件。从接单到发货，只需要利用一名店面员工和送货员的空余时间加上一名员工帮忙就可以轻松搞定。为了培养固定客户，小岛屋还会将商品的传单和样品一同发给客户。

但是，随着订单的增多，情况发生了变化。

“只有 30 平方米大小的房间里堆满了商品，要想过人都很困难，连摆放传单和样品的地方都腾不出来，这种情况导致失误频发，再这么下去肯定是不行的。”

那时候，电商的订单增加到了一天 200 件，一个月就达到了 4 000 件。截至早上 7 点的所有订单会在 11 点左右发回确认邮件。下午 1 点开始由家里人打印好票据交到店里，由 3 名员工负责选货和打包。到了傍晚，将当天能够配送的部分进行配送。这样的体制勉强能够维持正常的发货，物流开始成为事业发展的瓶颈。

在这种情况下，小岛先生决定把物流外包出去。他向网店的前辈们咨询经验，到乐天物流咨询并听取他们的介绍，也到过我们公司进行参观学习。

“一旦决定要把物流外包出去，就要找一个能够长期合作的伙伴。因此，需要慎重地对各个公司的规模和经营状况进行考察。当时实地考察过的仓库就有 5 家，最后在它们之中选择了 Scroll360。”

信任感和灵活性是决定性因素

问及当初选择我们公司的原因，小岛先生提到了信任感。

“当时许多家公司对于我们提出的要求和问题，都摆出了一副‘肯定没有问题’‘一定有办法解决’的无所不能的面孔。只有 Scroll360 明确告诉我们：‘这些是我们公司能够做到的，但是那些是我们公司做不到的。’另外，报价单并没有粗略地全部按照作业费核算，而是把每一项明细都详列了出来，并注明了各项费用的具体用途。”

另外一个得分点就是灵活性。价格比较便宜的物流外包公司，对于商品包裹的样式和商品的编码都有统一规定，如需根据订单进行包装需要附加条件。其中有的仓库到了盛夏时节，仓库内温度与室外温度基本没有差别。

相比之下，Scroll360 对所有商品采用统一的 JAN 编码，盛夏时节也为货品准备了恒温仓库。

除此之外，如果店铺想要给 VIP 客户特别赠送一些小惊喜，Scroll360 会对包装样式和适宜人群提出非常细致的建议。如果店铺方面有什么新的提案，只要将其想法的 30% 告诉 Scroll360，他们就会给出 80%~90% 的策划方案。”

花更多时间和精力加强宣传

关于物流外包之后的优势，小岛先生提到了以下几点。

“之前花费在物流上的时间和精力现在可以用在回馈客户上。现在我们每隔两三个月会印制‘小岛屋通信’小册子和自制明信片，把它们和商品一起送给客户。发货时封箱用的胶带也换成了带有我肖像画的自制胶带。”

“小岛屋通信”会介绍阿美横丁附近一些好吃的店铺和趣闻。除了上野地区之外，也会介绍东京其他的商业街，所以起到了不错的圈粉效果。

许多在电商平台上购物的客户，当被问及“这个东西是在哪家买的”时，往往只能回答“是在乐天买的”。但是，在小岛屋购买干果和坚果的人，收到商品的时候就会看到小岛先生的肖像画，打开快递箱就能看到“小岛屋通信”，这样一来就加深了对小岛屋的印象。因此，顾客能记住“是在小岛屋买的”的概率就提高了不少。

在外包物流的同时，腾出更多精力投入到品牌渗透中，这种做法非常值得我们借鉴。

“客户在浏览我们家的网站时，大部分都是以小岛屋为关键词进行检索的。加强品牌宣传之后，我们在乐天的好评率也从 4.58 上升到了 4.71。”

虽然看起来只是提高了 0.13 个百分点，但对于月订单总数在 1 万件以上的店铺来说也是很不容易的。图 5-2 是小岛屋的各种促销渠道。

小岛先生就好评率发表了自己独特的见解。

“在电商网站上写评价的人，往往在收到快递打开箱子，把商品从箱子里拿出来之后就会写评价。真正吃过或者用过之后再来写评价的人反而是少数。也就是说，影响评价的实际上是商品寄到客户手里之后客户的第一印象。”

在物流外包初期，小岛屋每月的订单数为 4 700 件，在加强宣传之后，订单量持续增长，目前月订单数已经达到1万件，而且有很多都是回头客。

如今，小岛先生在宣传方式上不断推陈出新，并且每年都会去海外寻找新商品的供货商。

图 5-2　小岛屋的各种促销渠道

今后的课题和目标

“目前小岛屋的销售占比情况是，网店占3/4，实体店占1/4，两者相辅相成。今后我们计划和其他使用Scroll360仓库的店铺一起开展合作，将我们家的干果在仓库内进行加工后转运配送。另外，我们计划将热销商品的装袋、半加工和最后加工流程转移到仓库，以达到缩减成本的目的，实现物流的‘内部消化’。”

我们公司也从小岛先生那里学到了物流材料共享的点子。为了配合店铺的圣诞节、母亲节等节日活动，我们会准备不同图案的纸箱和自主设计的胶带，提供给客户使用。这样在节约客户成本的同时，也可以起到独具特色的宣传效果。

如何通过物流外包提高服务水平，是我们公司今后的重要课题。

2

在配送时为客户提供修改袖长的服务，通过展示间实现实体店和网店的结合

Ozie 衬衫专营网站

在网上开设衬衫专卖店“Ozie”的柳田织物是一家创立于1924年的衬衫生产商。柳田织物原本的主业是为批发商和零售店铺供货，第四代店主柳田敏正开始参与到B2C商务中，于2002年开了网店Ozie。

“刚开始店里的销量比较惨淡，后来随着‘穿好衬衫的基础知识’这一内容的不断普及，网店逐渐打开了销路。我们的衬衫批量小、款式多，价格又设定在5 000日元左右，刚好符合商务男士的需求，特别是受2005年兴起的清凉商务风和2011年的超级清凉商务风的影响，如今月销量在26万件左右，其中购买者的6成左右都是回头客。B2C的销量已经远远超过了B2B。”

在开设分店的策略上，出于优先自己网站的考虑，直到2006年Ozie才在乐天上开了分店。

现在，Ozie 在亚马逊和雅虎日本上也开了网店。但是，由于是通过电商平台进行销售，下单的用户信息不能被利用到营销宣传上。如果是企业自己的网站进行销售的话，就可以通过邮件和设计册等灵活的方式进行宣传了。

图 5-3 是 Ozie 的网站。

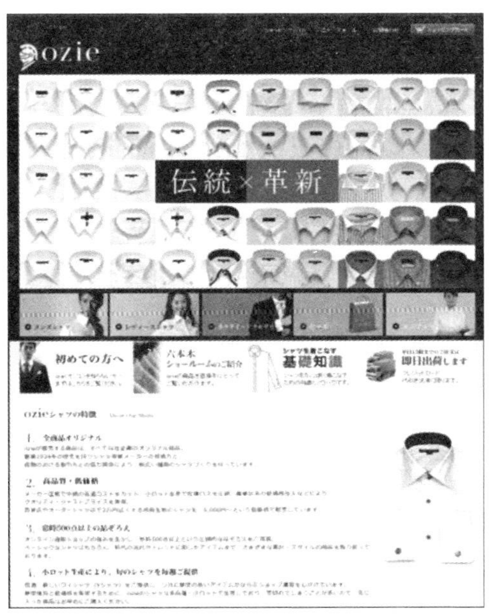

店铺名称：Ozie
店铺业主：株式会社柳田织物
店铺负责人：柳田敏正
地址：东京都港区六本木 1-7-28 落合麻布台大厦 801，邮编 106-003912
电话：03-6441-3912
邮箱：info@ozie.co.jp
主页：http://www.ozie.co.jp/

图 5-3　Ozie 的网站

物流外包的经过

2011 年 5 月，在乐天开店 5 年之后，Ozie 决定将库存管理和发货业务外包给 Scroll360。

“之前我们一直都是用办公室兼做仓库，随着发货量的增加，从 2008 年左右我们就开始考虑把物流外包出去。但是，找到合适的外包公司花费了我们不少时间。由于我们店从 2002 年开始就为客户提供有偿修改袖长的服务（这项服务已经成为我们的卖点，10%~20% 的订单都会附加这项服务），因此，我们要找的外包公司不仅仅要能够进行库存管理和发货，还要能够进行加工处理。

“为了实现仓库内的加工处理，Scroll360 在仓库为我们准备了专门的加工区域和工人，并且将需要修改袖长的订单的交货期从一周缩短到了两天。

“在物流外包过程中，转移库存的时间刚好定在最繁忙的 5 月第二周的周五到周日。而且，当时受日本大地震的影响，周末的订单数刷新了历史最高纪录。令我们惊讶的是，Scroll360 加派了人手，在两个小时之内就完成了全部发货工作。如果是我们公司自己来做的话，一天之内都不一定能完成。”

Scroll360 之所以能够如此顺利地完成库存的转移，是因为从上一年的 3 月份开始，为了让货品能够更轻松地放入货架，公司就开始在缩小衬衫的折叠尺寸等方面精心地进行了准备。

物流外包的优势

对于物流外包的优势，柳田提到了以下几点。

“最大的优势在于可以集中精力进行商品策划等主要业务。以前每周一所有员工会将周末积攒下来的订单统一发货，现在这部分时间节省了下来，可以用于每周在网站上进行新产品的发布。

“今后，要想只在店铺忙时雇用临时工或者打工者毫无疑问会变得越来越困难，外包发货业务也越来越有必要。

“在我们的网站上会写明当日下午 1 点之前下单可当日发货，并且标明配送到全国各个地区需要的大概天数。如果网店的配送路径清晰并且能够严格恪守配送时间，就能在众多交货期限不明确的网店中脱颖而出，塑造良好的品牌形象。如果是自己来做物流就容易在这方面有所懈怠，但是外包出去的话就不会有这方面的顾虑。”

最新开放的展示间

Ozie 于 2014 年 3 月在东京六本木新开设了展示间（见图 5-4）。展示间位于大厦的 8 层，占地 90 平方米，可以兼做办公室。

图 5-4 Ozie 的展示间内部

这是实现网店和实体店融合的 O2O（线下电子商务）新形式。

Ozie 的单位库存量已经从 4 000 件上升到 5 000 件，一直以来都是采用无实体店销售的形式，客户根据网站上的测量方法自己测量尺寸后购买。但是，还是有越来越多的客户在网购时感到“虽然想买，但是不知道尺寸”。

“客户在网购时最担心的就是不能准确地了解衣服的尺寸和材质。因此，我们开设了一间可以让客人直接触摸到商品的展示间。”

展示间从约 500 种礼服衬衫中选取了基本款和新款，并为客户准备了这些款式的中号（M 号）。此外，还为客户准备了不同尺寸的样品，客户可以通过试穿来确定尺寸是否合身。同时，只要有客户在网站内检索尺寸，网页就会提示客户可以在 Scroll360 的仓库对袖长进行修改。

从展示间位于大厦 8 层的位置可以看出，开设展示间并不是为了吸引过路客，而是为老客户提供一种售后服务。最初来到展示间的客户是那些之前打电话咨询过袖长的客户。展示间的营业时间为上午 10 点到下午 5 点，周六日休息。最初预想到一天可能会有一位客人光顾，现在已经增加到一天五六位客户。从网上的反响来看，大多数客户都是顺路来看看。

最近，大型的经销商通过 O2O 和全渠道等形式，谋求实体店铺和网店的融合，引起了世人的瞩目。对于电商来说，如何从网店发展到实体店铺也是一个值得思考的问题。Ozie 的展示间可以说是这方面的先驱。

“对我们公司来说，并不适宜在一开始就设立大型的店铺，小规模的展示间是最合适的形式。今后，我们将会在大阪和福冈等地开设展示间，也会开始探索开设实体店。”

Ozie 的尝试并没有停留在传统的商业模式，这是通过外包物流实现增值的优秀案例。

3

从销售型采购到库存型采购的转变，通过外包彻底实现库存管理

Swallow Sports 棒球用品专营网站

Swallow Sports 是由普通的体育用品商店成功转型为知名棒球用品专营网店的实例（见图 5-5）。

社长矢野正弘先生在计算机软件 Windows 诞生之后的 1996 年，新开了这家公司进军电商领域。最初，公司并没有什么营业额，但是矢野先生一直脚踏实地，不断对网站进行改进，终于在 5 年之后开始渐渐打开了市场。

公司开始主要依靠自家网站进行销售，2006 年才在乐天市场上开店，相对较晚。即便如此，在 10 年间，也成长为月销售额在 1 000 万 ~1 500 万日元的店铺。

店铺业主：株式会社 Swallow Sports
店铺负责人：矢野正弘
地址：东京都练马区练马 4-15-11 城南内田大厦 5 层，邮编 176-0001
电话：03-5984-4860（不接受电话下单）
邮箱：swallow@4860.jp
主页：http://www.4860.jp/

图 5-5 Swallow Sports 的网站

“一般来说，体育用品行业都是采取‘先销售后采购’的经营模式，网店也会采取同样的做法。客人下订单之后，网店再去采购商品，这样一来现金循环周期就会为负值，现金流情况非常乐观。但是，随着订单不断增多，因来不及调配商品而造成损失的可能性也同比增加。同时，顾客的问询和投诉也会接踵而至。运营成本的增加达到无法忽视的地步，负担不断加重，这使我们意识到，要想进一步提升业绩，必须要解决库存管理这一课题。”

矢野先生决定增加热销产品的种类和现有库存。由于增加的商品种类是体育用品类，因此不仅不会对资金造成太大的负担，还能提升客户满意度。到目前为止，商品种类以棒球用品为中心，增加到 1.5 万种，约 11 万个库存单位。

但是，现有库存的增加大幅加重了发货业务的负担。作为解决方案，矢野先生选择了将库存管理和发货业务外包给 Scroll360。这样一来，订单的库存准备率超过了 80%，平均丢单率也下降了 10.7%。

灵活运用物流 KPI

在外包物流的同时，矢野先生开始致力于有效利用本公司的物流 KPI 数据。

目前的数据版本在 3 年前就开始使用，主要用于核对 30 家制造商的商品销售额和库存额，目的在于使每月的销售额和库存额维持在同一水准。相对于销售额来说，库存额是以批发进价为基础的，因此，库存周转率一般需要维持在每年 10 次左右。

“到目前为止，这个版本都能很好地发挥作用，但是之后也会做一些相应的调整，接下来想把核对指标修改为以毛利为基准。一般毛利率都在 20% 以上，有时库存处理时毛利率也会在 15% 左右。从目前来看，我们的平均毛利率能够保持在 29%，今后也希望能够尽可能维持在这一水平。”

公司在将物流外包，从“销售、采购”型转变为“库存”型之后，销售额年增长达到 60% 以上，4 年间从 3 亿日元增长到 9 亿日元。

大多数的体育用品商店依然采取“先销售后采购”的经营模式，客户在下单后不知道有没有货，也不知道商品什么时候能送达，因此，很难培养客户对店铺的信任感。相比之下，Swallow Sports 根据以往的销售业绩等数据，事先从供货商那里预订商品，有一定的备货。并且，它能够先于其他店铺在网站上发布新产品，因此赢得了客户的信赖。同理，制造商方面也会尽早将新商品的信息提供给 Swallow Sports。

此外，公司在宣传方面基本上没有开销，因此可以将主要精力投入网站的商品分类，公司还在网站上登载了各种“商品特辑”（见图 5-6）。到目前为止，出现在商品特辑中的商品多达 1 190 种，这些商品的网页全部都在网站上，可以通过站内搜索进行查询。

在商品管理方面，公司加大力度清除不良库存，对于 1 个月内没有出货的商品进行降价处理或者退回供货商。在零售行业中，对商品的鉴别是根本，对此需要投入大量的人力和时间。因此，尽管棒球用品行业一般的退货率在 10% 左右，Swallow Sports 的平均退货率却只有 3.3% 左右。

图 5-6　Swallow Sports 的商品特辑

由于公司的基本方针是“棒球用品，应有尽有”，因此，在采购时需要特别注意一些易碎品。库存量也是在销售过程中不断增加，要做好这些只有通过物流外包才能实现。就此，我们也就能够理解为什么公司当前销售额的一半来自本公司自营网站，30% 来自乐天平台了。

今后的目标

矢野先生将 5 年后销售额达到 20 亿日元作为下一阶段的目标。为此，公司需要探讨新的经营蓝图和理念。

例如，棒球用品的主要客户群体为初中生和高中生，对此，公司并没有充足的客户数据，今后将试着对这部分客户群体进行研究。另外，创建 B2B 批发网站，与学校进行合作，引入后付款机制等一系列想法也被纳入今后的探讨之中。

公司员工目标一致是公司面向新一轮挑战的重要基础。很多电商都是由几个人随意操作，在网上卖一卖商品而已，而 Swallow Sports 将企业目标和业务规范认真地整理成一本手册，公司员工人手一本，员工每天早上都要在晨会上熟悉手册的内容，这已经成为公司进步的强大推动力。

4

实现物流增值的关键点

综合上面 3 个事例，我们可以得知，电商可以通过物流的增值获得很多好处。在这一章的结尾，我们将从改善物流品质（缩短配送时间等）、用物流塑造品牌形象（宣传）、结算方式的多样化（后付款）3 个视角对“物流增值”的内容进行整理。

改善物流品质

物流的最低要求是将订单商品在约定的时间内送到客户的手里。如果不能做到这一点，就很容易引起投诉。

但是，如若只是做到这一点，就不能和其他公司实现差异化竞争。要实现物流增值，改善物流的品质是根本。

例如，缩短交付周期，以及明确不同地域的不同配送准则，就能够有效地消除客户对于“什么时候能送到”的潜在不安。结合商品和订单客户的特点对配送员进行细致的分配也非常重要。

用物流塑造品牌形象

把物流灵活运用到宣传上去，是今后将会备受电商关注的“物流增值”方法之一。

关于这一点，可以参考小岛屋用自制的小册子和明信片进行的独特尝试。并不是只有花费金钱和时间才是好的策略，在如今的大数据时代中，采用能够传达店铺心意的手工制品进行宣传，反而能让客户感受到新鲜感。

在电商平台上购物的客户，大多数都不记得自己购买过商品的店铺名称。也就是说，如果下次购买同一类商品时，他们不会去搜索店铺名称，而是去搜索商品名称，这样他们就容易被商品价格更低的店铺抢走。

因此，对于电商平台上的店铺来说，“让客户记住店铺的名字，培养回头客”这一观点尤为重要。

笔者刚进入 Scroll（原 Muto）时，前辈们就告诉我：“要想盈利，就必须先培养忠实客户。”对于电商来说，让买过一次的客户再买第二次，让买过两次的客户成为老客户，在这方面下工夫才是成功的关键所在。

结算方式的多样化（后付款）

从广义上来说，“结算方式的多样化”也是“物流增值”

的一种。

一直以来，网购的付款方式（结算方式）一般以事先银行汇款、银行卡在线支付以及货到付款为主。但是，对在收到商品之前支付款项有所抗拒，对在网上输入卡号觉得不安全，不喜欢货到付款必须有人在家的限制……抱有这些想法的大有人在。

为了让这样的人群也能轻松地进行网购，今后“后付款”的支付方式将会得到普及。

中小电商企业在引入便利店后付款机制时，需要掌握一些订单客户审查、催促延迟付款客户的技巧，因此，许多企业都会犹豫不决。如今，市场中有了能够进行支付担保的“后付款结算服务公司”，电商只需要花很少的手续费，就可以轻松地引入后付款机制。这是一种即便在客户没有支付的情况下，也能够保证电商收到货款的服务。

设立“后付款 .com”（见图 5-7）的 Catch Ball 公司是我公司的子公司。对于委托我公司进行物流外包业务的公司客户，我们也会提供后付款的结算服务。

某网店在结算时引入后付款的方式，并将这种结算方式标注在网站的显著位置，使其营业额提升了 30%。

今后，在信用卡支付和货到付款的基础上引入“后付款支付服务”，是指引电商企业走向成功的重要因素。

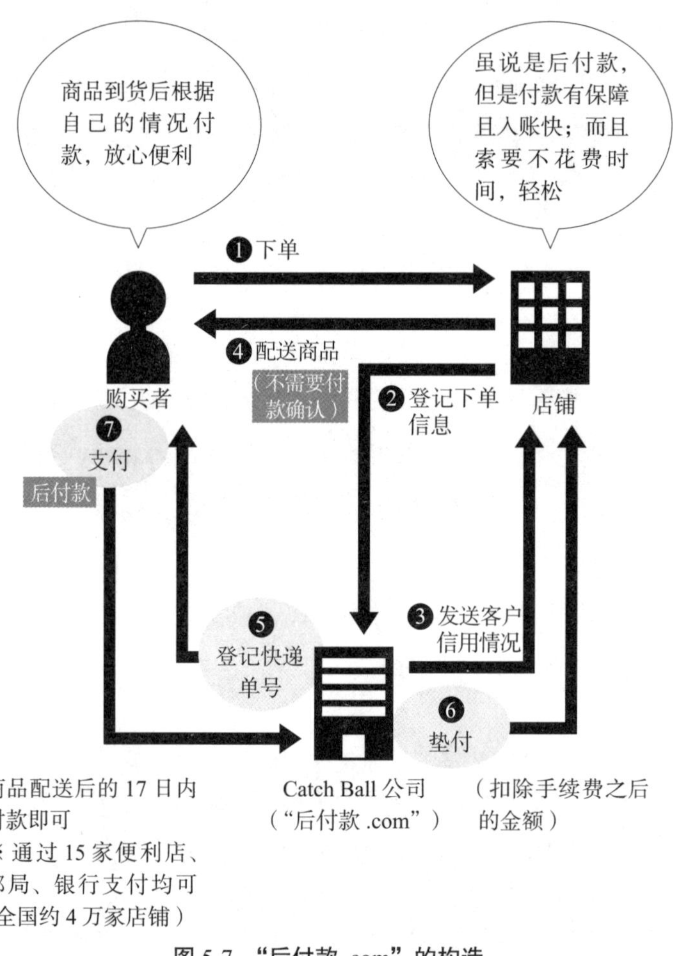

图 5-7 “后付款 .com”的构造

小结

- 很多店铺通过“物流增值”获得成功。
- 共通的关键点在于通过物流外包不仅提升了业务品质，还确保了到货时间。
- 将物流灵活运用到宣传上会收到不错的效果。
- 今后，与物流增值相关的后付款等结算方式的多样化将会备受关注。

第6章 电商物流的未来展望

1

电商市场的未来预测

4 年后超过 20 兆日元

野村综合研究所发布了截至 2018 年各种媒介、网络、平台的市场预测数据。

从数据中可以得知，B2C 市场（即面向一般消费者的电子市场）的规模，将从 2012 年的 10.2 兆日元倍增到 2018 年的 20.8 兆日元（见图 6-1）。

我们在第 1 章开头介绍过日本通信营销协会的预测数据，或许是因为预测的对象仅限于大电商企业，而不包括一般企业的电商，因而与野村综合研究所的预测数据差了一倍。

在不远的未来，电商可能会超过超市（现在的规模约 17 兆日元），成为零售业最主要的销售渠道。

图 6-1　电商市场的未来预测

资料来源：野村综合研究所

野村综合研究所还指出："在实体店铺试用、确认商品之后，通过电子渠道进行购买的消费行为在 2012 年超过了 20%，今后还会进一步增加。""由于网店成本较低，中小企业纷纷加入电商，并不断向全渠道推进。"

销售中网络使用方法的变迁

通信销售和网络的关系分为不同的阶段。

最初，网络被用于通信销售的下单工具（第一阶段）。通信销售最早是通过明信片下单，后来电话下单成为主流，再后来是传真，最后变成了网络。不管怎样，在这一阶段，网络首先是一种下单方式。

在这一阶段，网站上还没有商品的图片，购买者手上一般会有纸质商品目录。只要在订单栏里输入商品目录里面的商品编号，就会收到订购的商品。

在第二阶段，以商品图片为主要内容的“卖场式”网站登场。此时客户在网上不仅能够下单，还可以通过图片对商品进行挑选。在这一阶段，网络的特长得以发挥。客户不用再翻厚厚的商品目录，就可以把自己想买的商品检索出来。另外，通过检索功能，客户还可以轻松地将商品按照类别、厂商、价格等进行自由分类和挑选。此外，客户还可以参考其他用户的评论和使用心得。

在第三阶段，买卖双方可以通过网络进行交流。买方购买之后的感想可以作为商品评价登在网站上，卖方可以在社交网站上宣传促销活动的内容，买卖双方还可以进行一对一的交流。目前电商基本都到达了第三阶段，如何加深双方的交流是今后的重要课题。

第四阶段的发展方向是实现实体店铺和电商的融合。实体店铺和电商一直以来都被作为互不相关的销售渠道。但是，随着消费市场逐渐成熟，多样化的客户需求不断被细分，想要打破行业界限，在日益白热化的市场竞争中取得胜利，就需要发掘实体店铺和电商协同效应的无限可能性。目前，备受关注的O2O和全渠道就是对这一阶段的尝试。

2

各个领域的新气象

“配送研究会”——构建次世代最后一公里

在第1章中，我们提到过各配送公司提高快递费用的动向，在这里想向大家介绍一下“配送研究会”的活动。

在E-logit的董事长、战略物流专家角井亮一先生的呼吁下，各大型销售公司和电商的第三方物流公司集结，以“稳定的供给”和“稳定的价格”为宗旨，与配送公司进行协商，积极筹建次世代①最后一公里物流。

2013年电商的销售规模为11兆日元，快递数达到36亿个。2018年电商的销售额预计达到20兆日元，到时会有多少亿个快递呢？即使不能实现翻番，也得有60亿个吧？倘若物流没有为60亿个快递准备好相应的配套设施，必然会对电商市场

① “次世代”在日语里指即将来临的时代。——译者注

造成一定的打击。

事实上，目前既没有能够运送如此多快递的司机，也没有能够容纳如此多快递的仓储空间。大型配送企业也感觉到以现在的情况，要达到应对 60 亿个快递的水平有一定的困难。

此外，让各个公司比较头疼的是客户不在时的二次配送。虽然不同公司的二次配送率有所不同，但是一般来说，一次就能够完成配送的仅占整体的 50%~60%，剩下的 40%~50% 都是白费了汽油费和人工费的二次、三次配送。

配送研究会为了使配送公司能够更加顺利地完成配送，不断探索合作方式。例如，讨论便利店自取商品、配送储物柜自取商品，以及灵活运用区域配送公司的配送网等方法的可行性，作为“最后一公里物流”的完善措施。特别是采取前两种方法后，可以打消二次配送的顾虑。参加配送研究会的企业的发货数量（快递数量）合计超过 1 亿个，这个发货数量足够庞大。

配送研究会从宏观的视角出发，提出并致力于实现对整个电商市场的物流基础设施的构建，希望大家积极关注他们的研究。

便利店令“点击自提”变得普及

“点击自提”是指客户在网上购买商品后，除了选择送货上门之外，还可以选择到指定的门店提货。

Seven & I 近期新推出了网购商品可以在指定 711 门店提货的服务。顾客在网上购买的商品最快在当天就可以取货。罗森也宣布近期推出提货服务。通过罗森店铺内设置的“Loppi”终端机，顾客可以在亚马逊上下单并选择在该店铺取货。

对便利店来说，这一服务的好处在于到店自提的顾客会顺便在店里购买一些商品。这样一来，在亚马逊上购物的客户即使原本在其他便利店购物，现在也有可能成为罗森的客户。不难想象，今后经营实体店铺的企业为了吸引更多的客户光顾，一定会加强“点击自提”业务。

便利店自提服务和配送研究会提出的新动向，将会成为消费者在次世代最后一公里方案中的可选项之一。

全渠道的拓展 ——“北村相机”的成功案例

全渠道的拓展不仅涉及便利店，也涉及其他实体店铺。

第 5 章中介绍过的 Ozie 为客户提供在店铺进行试穿后配送到家的服务，或是在网上下单之后点击自提的服务，这些配合消费者行为的服务在不断普及。

这里我想介绍一个在实体店铺与网店结合方面走在最前沿的案例。

北村相机年销售额为1 342亿日元，其中435亿日元（2013年实际数字）来自网络销售，而网络销售额中的近7成（约289亿日元）是通过客户在实体店自提实现的。

客户在“北村网店”上订购相机之后来到北村的实体店铺提货，店员会对商品进行详细的说明，并教会客户如何拍出好看的照片。如果客户有购买贴膜和过滤器等必要零件方面的需求，也可以向店员咨询。

在手机版的北村网店上，商品网页“购物车”的下方有一个“电话咨询、下单”按钮，点击按钮能直接接通“万能客户咨询室”（客服中心）。客服中心的人员一般都是由原店长和经验丰富的老店员担任，他们擅长操作，能够回答客户关于相机购买和使用方法等一系列问题。如客户有需求，也可以为其提供代理购买服务，之后客户可选择店内自取或者快递配送。

客户想要购买的商品如果店内缺货的话，若可以在店员的陪同下使用“电子平板”设备，通过图像确认商品和交货期，便能够更加安心地下单。在这个过程中，电商团队功不可没。

北村相机的服务模式，是从客户的视角进行思考，用实体店弥补网店无法接触商品的不足，同时用网店弥补实体店在商品种类和库存数上受限的缺陷，具有划时代的重要意义。

全渠道拓展带来的物流变化

下面我们了解一下在实体店和网店结合的过程当中，电商物流发生了怎样的变化。

我们以服装类企业从实体店向电商进军的过程为例。

在进军电商的初期，由于网店的销售额较少，电商库存只占用实体店仓库的一角。另外其库存大多也是和实体店共用，有的甚至是直接使用实体店的库存。

然而，随着网店销量不断增加，网店和实体店就会开始互相争抢库存。物流中心一般会优先向实体店发货，这样就容易造成网店在进入商品拣选阶段时库存缺货的情形，这会导致客户评价恶化，投诉增加。

想要解决这一问题，必须将实体店和网店的库存区分开来。要把网店当成和实体店并行的独立店铺看待，保证其库存的独立性，并在网页上明确标示出来。

如果网店的库存售完的话，网页上会显示售罄。为了确保商品的销量，需要导入库存管理系统，将实体店的库存调到销量好的网店，实现店铺间库存的转移，从而把握销售时机，减少剩余库存。

当网店的销量超过实体店的销量时，就进入了下一个阶段。

在这一阶段，全渠道销售进一步拓展，选择点击自提或者在店铺试穿后配送到家的客户也不断增多。

“无限延伸货架”概念的推进，减少了店内库存。原本4种不同尺码不同颜色的西裤，需要在店内摆放16件样品。随着无限延伸货架的推广，在店内只需放置4件不同尺码、不同颜色的样品供客户试穿，客户在试完尺码之后可以选择喜欢的颜色，由店家在仓库修改裤长之后配送到客户家里。

在这一阶段，网店的库存占据主要地位，店铺销售的商品库存由网店的库存进行补充，物流仓库也由传统的仓库转变为能够应对全渠道销售需求的多功能仓库。

例如，新商品进货后，首先会被送到“拍量传”流水线。“拍量传”是拍照片、量尺寸、传信息的简称。

我公司的仓库里一般都配备有摄影师和文案编辑，由他们进行商品的拍摄、尺寸测量（见图6-2），并制作介绍商品的文案，这样可以保证在商品进货后，能迅速地将商品的相关信息上传至网站。

“拍摄一角”

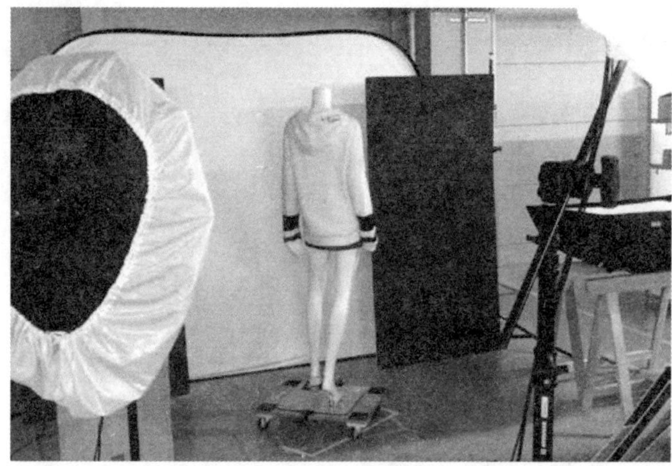

“缝纫加工”

图 6-2　商品拍摄和缝纫加工的案例

此外，仓库内还配备有 10 台缝纫机和蒸汽熨烫机，能够满足客户在网上购买西裤和衬衫时修改裤长和袖长的要求，以减少从下单到发货所需时间。

年终打折时使用的福袋也可以在仓库中制作，这样就减少了将商品送到制作福袋的工厂的过程中所浪费的时间和成本。

希望大家能够尽早认识到，随着全渠道的拓展，实体和电商的物流发生了巨大的转变。

3

物流整体外包的优势

某电商企业的案例

关于电商物流今后的发展方向，在本章的结尾，我想阐述一下物流整体外包的可行性。物流整体外包不仅包括传统的库存管理和发货业务，还包含了上游的下单、结算以及下游的配送业务，是一种综合各个阶段的整体服务。

我公司的客户 X 公司，17 年前为开发新增长点，开始进军化妆品的网销市场。X 公司在将物流外包的同时，导入了我公司面向电商企业的综合系统“电商搬运工”。7 年前又以我公司为中心，将电话客服中心、结算（一部分后付费）和物流等一系列业务进行了外包。

目前，X 公司的员工基本上都集中在商品开发和销售企划以及宣传推广部门，其他订单执行业务大部分都被外包。

X 公司、客服中心公司（负责客服中心运营）、Scroll360

（负责库存管理和发货）、配送企业每月会集中召开一次物流会议。会议的目的有两个，一是减少客户投诉，改善业务流程以提升业务品质，二是调整操作方案，以应对新商品的上市和新宣传方案的实施所导致的订单数的变化，保证销售顺利进行。

发货业务的自动化

物流整体外包帮企业实现了对订单执行业务整体的把握和控制，因此易于实现各个流程的联合，提高效率。

每月定期召开的物流会议将外包涉及的多个企业的意见进行统一并找出共同的课题，是推进团队自我改善的方式之一。各个公司并不仅仅是 X 公司的外包公司，更是以 X 公司为中心的合作伙伴。

合作伙伴能够积极地改善业务，而不是仅仅把自己当成外包公司，只等 X 公司下指令。例如，X 公司最初采用批量拣货方式，将 128 个订单作为一个拣货批量，再分成不同的订单装箱。但是由于这种作业方式效率低下，我公司在 8 年前提出按照订单拣货的方式，首先将商品按照订单拣选出来放入白色筐内，然后验货员在扫描商品条形码验货后将商品放入黑色筐内，最后将商品打包出货。

1 年前我们又改为用与条形码验货连动的按需印刷方式拣货。这种方式采用验货和打包同时进行的作业方式，将接触商品的工作人员由 3 人（3 次）缩减到了 2 人（2 次），同时缩短工作时间，减少了投诉的可能性。

在拣货之前仅需提前生成操作指令，根据操作指令拣货。到验货阶段，验货员只需读取操作指令上的条形码，就可以在屏幕上看到客户的订单数据。验货员用机器读取每件商品的条形码并放入纸箱内，只有所有商品读取完毕，才能够打印商品明细单。在读取商品明细单上面的条形码之后，商品才会生成快递单发货。

如果前一阶段出现了错误，就无法进入到下一阶段，这种拣货方式在理论上将错误配送的概率降为零。

在我公司和 X 公司的齐心协力下，X 公司的物流品质得到提升，客户服务水平也进而得到提高。X 公司的业绩提升，发货量增加也给我公司带来了营业额的上升，实现了良好的双赢效果。图 6-3 为 X 公司的业务流程。

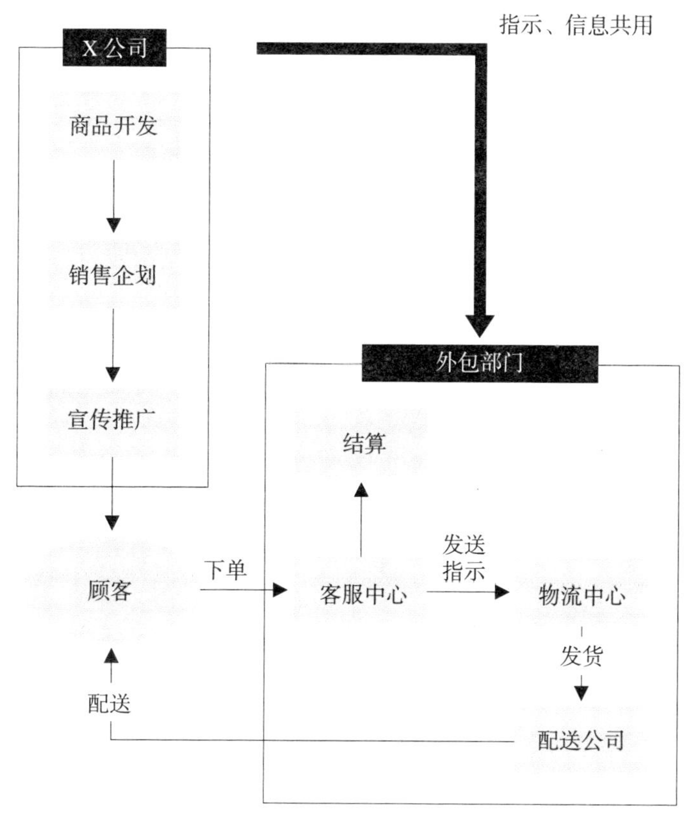

图 6-3　X 公司的业务流程

建成化妆品和保健品的新型仓库

Scroll 将在浜松市的浜松西物流中心建成新型的化妆品和保健品专用物流中心（见图 6-4），并由 Scroll360 负责仓库运营管理。

图 6-4 化妆品、保健品专用物流中心

该物流中心是以 3C—“Clean（卫生管理和安全管理）、Cool（化妆品和保健品食材的专业管理）、Capacity（提升发货处理能力）”为设计理念进行设计的。

具体来说，就是通过采用适合化妆品和保健品流通的新型物流装置和仓库管理系统，在准确性、在途时间、维持商品品质、卫生管理、安全管理等诸多方面，实现物流品质的提高，并且将发货处理能力提高 30%。值得一提的是，在仓库管理系统中，我们全面引进了 X 公司的经验。

此外，在该物流中心还设置了管理室，实时管理作业流程，共享快速应对客户需求的情报并适当进行人员调配。此外，对化妆品和保健品供应链来说，“化妆品制造”（包装、标记、保管），以及“保健品制造”（包装、标记、保管）必不可少。因此，物流中心设立了相关设施，准备向客户提供打造同类商品个性化的附加价值类服务。

新建成的化妆品和保健品仓库，实现了对物流外包的全新设想，希望有更多的客户前来体验。

小结

- 电商市场今后将继续成长，可能成为零售业最主要的销售渠道。
- O2O和全渠道销售等实体店和网店结合的新型商业模式备受关注。
- 整体外包为竞争白热化的电商市场和零售市场注入了新鲜的血液。

结束语 /

1981 年，我加入了 Scroll（当时的 Muto）公司，当时通信销售并不是零售业主要的销售渠道。我一开始被分配到了大阪营业所，那时我的主要工作是去妇女会会长的家里拜访，请求她翻阅我们公司的商品目录，并对商品进行介绍。

在那个年代，许多客户都对目录抱有质疑的态度，心里想的是“光看照片可不能买”，或“要是买到的是劣质品怎么办”。而我每天都要汗流浃背地应对这些客户，向他们说明通信购物是安全可信的。

随着岁月的变迁，时代迅猛发展着，高中生们在上下学途中就能够通过智能手机在网店购买时尚品了。通信销售进化为电商，成为零售业的主要销售渠道。

电商市场以 20 世纪 80 年代的综合销售

为起点，经历了90年代的单品营销，21世纪初的电视购物和网销，最后实现了多媒体化、全渠道的巨大转变。从20世纪80年代开始，以每10年为一个进化周期，到了2010年左右，电脑朝着手机、智能手机、平板电脑和其他先进设备的进化，加上社交网络等消费者参与型媒介的普及，进化速度已经飙升到每2年一个进化周期。

谁也无法预测未来10年电商会以怎样的形式发生变化。不过可以肯定的是，在跨境销售洪流的推进下，电商依然会不断地进化。

与之相反，无论时代怎样变化，电商物流的根本不会发生改变。不管卖场的形态发生了怎样的变化，实物商品如果没有进入流通，就无法完成网销。乐天市场的建立，使得进入电商领域的经营者骤增，然而在这近20年的时间里，10万家以上的电商经营者在物流方面却远远没有赶上电商的前进步伐。

通过本书，我希望更多的电商经营者可以认识到物流的重要性和根本所在；也希望本书能帮助他们减轻物流负担，提高经营效率。

高山隆司

Scroll360 公司董事，全渠道战略室长